青少年篮球教学与训练实践研究

赵一芒◎著

文化发展出版社
Cultural Development Press
·北京·

图书在版编目（CIP）数据

青少年篮球教学与训练实践研究 / 赵一芒著 . — 北京 : 文化发展出版社，2024.3
ISBN 978-7-5142-4284-3

Ⅰ . ①青… Ⅱ . ①赵… Ⅲ . ①青少年－篮球运动－教学研究 Ⅳ . ① G841.2

中国国家版本馆 CIP 数据核字 (2024) 第 004223 号

青少年篮球教学与训练实践研究

赵一芒　著

出 版 人：宋　娜
责任编辑：张宝平　　责任校对：侯　娜
责任印制：邓辉明　　封面设计：守正文化
出版发行：文化发展出版社（北京市翠微路 2 号 邮编：100036）
网　　址：www.wenhuafazhan.com
经　　销：全国新华书店
印　　刷：天津和萱印刷有限公司

开　　本：710mm × 1000mm　1/16
字　　数：210 千字
印　　张：11.5
版　　次：2024 年 3 月第 1 版
印　　次：2024 年 3 月第 1 次印刷

定　　价：72.00 元
I S B N：978-7-5142-4284-3

◆ 如有印装质量问题，请电话联系：010-58484999

前　言

随着时代的进步，篮球运动的发展进入了一个新的阶段。但是从整体上来看，当前世界篮球运动的发展具有一定的不均衡性，篮球运动人才水平也表现出参差不齐的特点。美国和西欧一些国家的篮球发展水平较高，篮球人才也较多，整体篮球水平处于世界领先地位。而我国篮球运动水平与世界一流水平相比，仍存在一定的差距，具体表现在篮球基础设施较不完善，篮球人才也较为缺乏。随着姚明等人的退役，这种差距有被逐渐拉大的趋势。中国篮球的未来在于青少年，中国有着对篮球的充分热情、中国未来篮球事业明朗，要想从根本上扭转当前中国篮球落后的局势，必须从青少年篮球的教学与训练入手。

为青少年提供优质的篮球教学与训练活动是提升他们篮球技能的重要举措。随着现代篮球运动的不断发展，其在教学与训练方面上也有了较之以往很多的不同。然而在实践中发现，青少年的篮球教学与训练中仍然存在着教学内容陈旧、教学方法不适配、教学手段单一等问题，如此都会对青少年的篮球技能精进带来阻碍。为此，特撰写《青少年篮球教学与训练实践研究》一书，以期为我国青少年篮球技能的提升做出绵薄贡献。

本书撰写了五章内容。第一章阐释了篮球运动与篮球运动的发展相关内容，包括篮球运动起源与发展、篮球的运动特性、篮球的运动价值。第二章介绍了篮球文化与青少年篮球的相关内容，详细说明了篮球运动的文化特点、篮球文化的功能、学校体育的功能、青少年身体发育的特点、篮球对青少年身体素质的影响、青少年篮球赛事与文化构建。第三章对青少年篮球技术教学与训练展开研究，主要从篮球技术的概况，青少年篮球技术教学与训练的内容、青少年篮球技术教学训练的原则与方法三个方面展开详细论述。第四章论述了青少年篮球战术教学与训练的内容，包括篮球战术原理分析、青少年篮球战术教学训练内容、青少年篮球战术教学训练的原则与方法。第五章概述了青少年篮球意识培养，详细说明了篮球意识的含义、青少年篮球意识的培养与训练途径、青少年篮球意识的评判。

本书在撰写过程中，参考和借鉴了一些国内外相关学者的研究资料和数据，在此对他们表示衷心的感谢！书中难免存在一些疏漏和不当之处，恳请广大读者予以批评指正，不胜感激！

赵一芒

2023 年 3 月

目录

第一章　篮球运动概述与发展

篮球是一项在世界范围内广泛开展的体育运动项目，其所具的众多特点，使得其对于任何群体来说都有着非常高的锻炼价值，能让他们通过参加这项运动而获益。本章主要介绍了篮球运动的起源与发展、篮球的运动特性、篮球的运动价值。

第一节　篮球的起源与发展

一、篮球运动的起源

篮球运动起源于1891年，起源地是美国的马萨诸塞州，创始者为奈史密斯博士。当时美国正遭受特大暴风雪，导致美国最为流行的棒球运动无法开展，马萨诸塞州斯普林菲尔德市基督教青年会学校教师奈史密斯博士受青年会的委托，设计发明了篮球这种新型运动项目。奈史密斯博士从当地儿童喜欢用球投桃筐的游戏中受到启发，同时借鉴了一些其他运动项目的规则与方法，发明了篮球这项运动。篮球运动不受天气、时间等客观因素的影响，可以在室内、室外及任何时间段进行。同时，篮球运动讲求文明的同时，也体现出一定的对抗性，这样更容易被广大民众尤其是青少年群体所接受。

最初篮球运动的比赛规则非常简单，比赛场地为南北向，对参与人数多少、比赛时间的长短及场地的面积都没有明确硬性的规定，只是要求比赛分成队员人数相等的两方。篮球球篮采用的是桃筐，悬在离地面约3米的墙上，每次进球之后通过扶梯将球取出。篮球比赛的方法是，双方的运动员各站在本方端线外，裁判站于中线位置将篮球抛向场地内，双方运动员一起冲进场地中间进行抢球，并以将篮球投入对方篮筐的方式进行攻守对抗。每次将球投入篮筐之后，按此程序再继续进行比赛直到结束，最后通过比较双方的进球数来判定比赛的胜负。比赛中本方每投进一个球得一分，如果平局，经双方队长协商同意，进行延时比赛并以谁先投进一球为止。

由于篮球运动具有很强的运动性与趣味性，同时还具备一定的健身功能，因此在游戏的基础上内容不断丰富，规则也逐渐完善，在不断的发展变革中形成了现代篮球这项运动。

二、篮球运动的发展

（一）篮球运动的发展历史

1. 篮球运动的初创时期

1891年，奈史密斯创造了篮球运动。从这一时期到20世纪20年代属于篮球运动的初创时期。在这一时期，篮球运动只是一项区域性显著的大众娱乐游戏，其更多是在公共运动场所和学校中开展。后来，随着对抗性的增加，逐渐吸引了更多运动爱好者的关注和参与，其后来庞大的群众基础也是从这时一点一滴开始积累的。

在篮球运动的初创时期，随着规则的不断完善与发展，这项运动逐渐传播开来。1892年，篮球运动传播到美国的邻国墨西哥，1893年传入法国，1895年传入英国和中国，1896年传入巴西，1897年传入捷克，1901年传入日本和伊朗等。就这样，篮球运动呈蔓延之势在世界范围内迅速传播，进而成为世界范围内知名度较高的几项运动之一。

在篮球运动初创时期，在规则上也有一定的发展变化。最初的篮球运动规则为奈史密斯于1892年制定的《青年会篮球规则》。该规则中的内容有5项原则与13条规则，其中涉及运动设施和器材的规格、场地规格，简单的比赛方法，裁判设置等。这个规则较为基础和简陋，甚至都没有对双方上场的人数做出限制，只要求双方派出的比赛人员数量相同即可。在1893—1897年，奈史密斯对篮球规则做出了一些调整和完善，使得篮球比赛更加简化，如通过中圈跳球的形式作为比赛开始的方式；球员可换手运球；出现了犯规后的罚球等。规则的改变使得球队也设置了球员场上的位置，出现前锋、后卫等职责上的区分。后来，在1901

年的规则中规定的运球球员不能投篮的规定，于 1908 年废除。

运动器材在这一时期的变革也是较大的。1892 年，奈史密斯重新对篮球场地进行了三段式划分，分别标识了后场、中场和前场，场地尺寸也出现了 30.48 米 ×15.24 米，27.43 米 ×13.72 米和 21.34 米 ×10.67 米三种。篮球筐的质地也发生了变化，由最早的木质筐变为开始用带篮网的铁质篮圈、木质篮板与系带球。1915 年，美国对国内的篮球比赛规则进行了一次统一，还对篮球场地与设施做出了改变，如在场中增加了标识线、限制线和罚球线等。篮圈也基本固定为使用铁质圆圈，篮圈下的挡网换为木质的不规则挡板。到了 20 世纪 20 年代末，篮球场地中又添加了限制区和罚球时抢篮板球员的站位线等标识线。

从技战术上来看，这一时期的技战术不论是进攻端还是防守端，都显得较为简单，尚没有系统性的技战术套路，因此经常能在篮球比赛中看到一开始队员之间有位置上的分工，但打着打着就出现各自为战、扎堆抢球的场面。在进攻端时，一些懂得配合的球员还尝试使用快攻、传切、掩护战术，但也是以基础配合为主，防守端则主要为人盯人防守战术。

2. 篮球运动的初步完善时期

20 世纪 30～40 年代是篮球运动的初步完善时期。这一时期最为重要的篮球事件是，1932 年 6 月 18 日国际业余篮球联合会在瑞士日内瓦成立。该联合会的总部设在意大利的罗马。起初有 8 个国家作为会员加入了联合会。国际业余篮球联合会在成立之后，作为当时国际上唯一一个代表篮球运动的国际组织，在协调各国篮球运动和推动篮球运动发展等方面作出了不少贡献，并且非常注重篮球运动“入奥”，认为只有努力将篮球运动发展为奥运会比赛项目，才称得上是这项运动的崛起。在该联合会的努力下，1936 年篮球运动正式成为柏林奥运会的比赛项目，由此也宣告了篮球运动竞技化的实现。

在规则方面，这一时期的变化主要在 1932 年的规则变化中增设了 3 秒、5 秒、10 秒等进攻时间限制，并且对球来到前场后再回到后场做出了规定；增改了进攻限制区；比赛时间分为上下各 20 分钟的两节。此后，国际篮联在 1936 年出版了第一版《篮球规则》，在这一规则中正式限定了每队的上场人数为 5 人；取消了此前在一方投中得分之后还需要回到中圈跳球开球的规则，改为失分的一方在本方底线外发球恢复比赛的方法；由单裁判员临场制改为双裁判员临场制，这一改变在增加了判罚准确度的基础上也提高了篮球比赛水平。在20世纪40年代之后，对规则的改变体现在扩大了篮球进攻限制区至5.8米；球员累计犯规4次将被取消比赛资格。

在场地器材方面，这一时期的变化主要为增设了进攻限制区，即3秒区。到了20世纪40年代，篮球的篮板出现了长方形和扇形两种，这两种形状的篮板都是官方许可的样式；中圈也划分出了跳球圈与禁圈；球场罚球区的两侧到端线等。

在技战术方面，这一时期的变化主要是出现了单手传接球和单手投篮的技术，在行进运球中也出现了双手交替运球的技术。这些变化也促使更多技战术的出现，最显著的变化就是球队的进攻更加依赖团队配合，以往那种依赖单兵能力的作战方式已经大大减少。在防守战术上也更加注重团队联合防守的效果，区域联防结合人盯人的防守战术广泛流行起来。

3. 篮球运动的成熟时期

篮球运动发展的成熟时期是20世纪50年代至60年代。20世纪50年代之后，球员的身高增长迅速。也正是在此时期，各队都致力于打造高大化队伍，一些围绕高中锋展开的战术开始非常盛行。

在规则方面，这一时期的变化主要为将进攻限制区变为5.8米×3.6米的梯形；增设进攻时间为30秒的限制；增设了进攻球员在前场持球不得超过5秒的限制；取消了中线。

在技战术方面，这一时期的变化主要为球员从过去更加注重对主要技术的强化转变为更加追求技术的全面性。战术上的变化为进攻端更多利用高大中锋的站桩策应作用，多采用快攻、传切、突分等战术。防守端的战术多为全场紧逼、区域联防和人盯人混合使用的防守战术。

4. 篮球运动的完善时期

篮球运动发展的完善时期是20世纪70—80年代。20世纪70年代之后，篮球运动员高大化的趋势越演越烈，球员身高几乎都在2米以上，如此一来场上双方对空间的争夺也越发激烈。随之而来的是高度与速度之间的矛盾，即球员身材越高大，身体灵活度越差，而小个球员灵活度好，但高度不足又有劣势。这一时期规则上的一些变化使得这种矛盾有了一定程度的缓解，使高度和速度融合出一种平衡。此时期的篮球开始向着灵巧、准确及多变的方向发展。

在规则方面，这一时期增加了球回后场的限制；限定了球队总犯规次数；规定了对已完成投篮动作的犯规，如果球进则加罚 1 球的规则。到 20 世纪 80 年代，设定了“垂直原则”和“合法防守位置”等身体接触原则，这一规则对攻防两端球员行为的改变可谓是划时代的。1984 年，篮球规则规定球场面积改为 28 米 ×15 米，球场高度不能低于 7.5 米；增加了三分线；增设了全队每半时 7 次犯规后进行“1+1 罚球”的规则。这一时期的这几项规则的增加和改变均对此后的篮球运动进入全面发展时期起到了重要的推动作用。

在技战术方面，这一时期的变化主要为球员的技术普遍得到了全面提升，在进攻技术和防守技术中都有着良好体现。由此也涌现出了一批个人能力极为突出的球员。战术上，以往相对单一的进攻战术逐渐被综合移动的进攻战术所替代，防守端的战术也更具侵略性和破坏性。

5. 篮球运动的飞跃时期

篮球运动发展的飞跃时期是从 20 世纪 90 年代开始至今。1992 年，国际奥委会为了增加奥运会篮球比赛的精彩程度，允许职业篮球运动员参加奥运会篮球比赛。由此，篮球运动的发展来到新的阶段。也正是在此时，职业篮球大行其道，成为篮球运动发展的标杆。

在规则方面，这一时期的变化主要有出于保护运动员的需要，将篮板下沿的高度提高到 2.90 米；将原先规定的“1+1 罚球”改为两次罚球；比赛时间上制定了 2×20 分钟和 4×12 分钟两种模式；当比赛来到整场的最后两分钟时，要按比赛的净时间计算时间；对比赛中球员出现违反体育道德的犯规的处罚更加严厉。1999 年 12 月，国际篮联再度宣布了一批篮球新规，主要改变有：比赛时间改为 4×10 分钟制；一方获得球权后的进攻时间为 24 秒；控球方球出后场的时间改为 8 秒；每队每节在累计 4 次犯规后的任何犯规都要采取两次罚球的处理办法。

在场地器材方面，这一时期的改变主要是缩小了篮板周边的尺度，且增加了篮板周边的胶皮保护圈。

在技战术方面，这一时期的改变主要有运动员的技战术能力得到了全面发展，更多有着极强综合实力的球员涌现；运动员通过更加多样的技战术，对时间和空间进行争夺；身体对抗技术得到了更频繁的运用；球员的个人能力经常成为拯救球队的法宝；攻守转换战术得到了普遍重视和较多应用；进攻战术更加追求变化和实用，立体化的进攻备受推崇。

（二）中国篮球运动的发展

1895 年，中国天津基督教青年会第一任总干事来会理将篮球运动带入天津，天津成为中国篮球运动的发源地。1896 年，天津基督教青年会举行了篮球比赛，这是中国历史上的第一场篮球比赛。篮球运动进入中国后，从天津传播到北京、保定等华北城市，随后是上海、南京、苏州、杭州等江南沿海地区，武汉、重庆等华中地区，广州、香港等华南地区，最后遍布全中国。篮球运动在中国最初流行于青年会组织、教会学校，在受到广泛关注后逐步推向社会，成为广大人民群众喜闻乐见的体育运动项目，至今已有百余年的历史。

中华人民共和国成立后，所有事业开始逐步发展起来，我国篮球运动进入了空前的普及、发展和提高时期。为了提高中国的篮球水平，20 世纪 50 年代初，中央体训班篮球队在北京成立。为了摆脱落后局面，我国相关部门高度重视篮球运动的发展，开始更新篮球文化与观念，加快篮球专业队伍的选拔与建设，学习邻国的先进打法，积极参加国际比赛。通过一系列的努力，中国篮球水平有了进一步的提高。之后不久，各大地区都组建了篮球集训队，篮球运动跨入了新的发展时期。1955 年，我国开始实行全国篮球联赛制度，逐渐有了指导思想。在之后两年，开始实行篮球等级升降级联赛制度和教练员、裁判员等级制度。到了 20 世纪 60 年代，我国篮球运动已与世界接轨，战胜了不少欧洲强队。进入 20 世纪 70 年代中期后，在体育事业上，各类项目拨乱反正，篮球竞技运动确立了赶超国际水平的新目标，并重新强调“积极主动、勇猛顽强、快速灵活、全面准确”的训练指导思想和贯彻“三从一大”的科学训练原则。

1995 年，国家体委（现为国家体育总局）确立了“坚持正确方向，抓住有利时机、继续深化改革、发展体育事业”的指导思想。受此影响，中国篮协制定了“积极稳妥，健康有序”的改革方针。1995 年，全国篮球甲级联赛正式开赛。此后，中国篮球协会，以职业化、商业化为导向开始对全国篮球联赛进行改革。1997 年，国家体育总局篮球运动管理中心正式成立，标志着中国篮球在管理体制改革上迈出了重要的一步。中国男子篮球联赛正式更名为中国男子篮球职业联赛，即 CBA。通过相关机构的全方位的改革，中国篮球事业发生了全面的变化，呈现出前所未有的生机与活力。CBA 联赛受到广大球迷的热烈关注，姚明、王治郅、巴特尔、刘玉栋、胡卫东、孙军等球员的出色表现是大家当时津津乐道的话题。至此，CBA 联赛已成为全国各类企业扩大市场、体现实力、增加知名度的新舞台。2017 年，姚明就任新一届中国篮协主席，并对中国篮球进行了一系列改革，我国篮球运动水平稳步提高。

（三）篮球运动的发展现状

目前，篮球运动已发展到一定的成熟阶段，成为一项普及性很广的运动。篮球运动的现状可用以下 5 个特点来概括。

1. 普及面很广

篮球运动是一项很受人们欢迎的运动项目，在世界各地参与和从事篮球运动的人很多。由于篮球运动是一项男女老少皆可参加的运动，目前在全世界篮球运动爱好者已有 2500 万人，其中 1/3 是妇女。篮球比赛聚集的观众大约有 1600 万，仅美国就有 143 万。篮球赛事也名目繁多，层次不一，足以看出篮球的普及程度非常广泛。

2. 常用技术熟练，高难技术普及，技术运用简练、实效

一般情况下，常用的技术如投篮、传球和运球等技术，篮球运动员均可熟练地掌握。高熟练度的体现还在于出色的命中率。许多世界强队在控球和支配球方面非常擅长，他们在移动中接球后，利用假动作、时间差、紧贴对手，或者跨步转身，或者改变方向进行投篮，或者结合运球等多种方式，突然起跳进行投篮。多样的投篮方式，使得他们的命中率能够达到大约 50% 左右。三分远投技术需要球队中的每个人都掌握。

高难技术也开始向普及化方向发展。过去很难做的技术，如空中扣篮、补篮等，现在也可以达到普及化的程度，每场比赛都屡见不鲜。各种高难的运球也达到了运用自如的程度，甚至可以在强对抗的情况下出现。运动员可根据防守情况熟练地运用体前运球、体后变方向运球、胯下运球、转身运球等。

篮球运动的发展规律说明，技术在发展的过程中既向更高、更难的方向发展，也在向技术运用简练和实效的方向发展。运用技术时，需要考虑的问题不是技术的难度，而是如何有效的运用，是以战胜对手为主要目的的。因此，运动员的技术更趋于实用。

3. 明星队员的作用更加大

人们越来越认识到明星的影响作用。美国 NBA 球星迈克尔·乔丹曾经带领公牛队六次获得 NBA 总决赛的冠军；他每场比赛可以得 40分，在当时 NBA 里无人能及。在 1995 年迈克尔·乔丹第一次退役。在他缺席的赛季里，公牛队战绩平平。后来公牛队又把他请回来，他再次披挂上阵，又一次夺回冠军。这些明星队员的作用俱乐部被人们所看好，各大俱乐部老板也竞相出高价，收拢这些球员，以获得更好的效益。

4. 战术综合化

进攻技术的熟练、个人单兵作战能力的加强及全队配合质量的提高，对防守技术和战术的发展起到了积极的推动作用。在目前篮球比赛中，各种防守战术被广泛采用。例如，全场紧逼和区域紧逼战术要求球员们密切盯防对手，半场人盯人和联防战术则注重球员之间的配合与协作。这些战术的主要特点是将人盯人和联防两大防守体系的优点相结合，以达到更全面、更积极的综合防守效果。对持球队员进行紧逼，积极抢截、封堵，其他临近队员协防、夹击，保持集体纵深队形。当球打到内线时，外线队员快速收缩围守篮下。一旦球传至外线时，防守队员要像弹簧一样，立即扩展出去防守外线队员。此外，进攻战术以传切、掩护和突破相结合的移动进攻战术代替了过去的战术打法。这极大地改变了过去单一的、固定的进攻战术。这种战术移动频繁，随机性大，给防守造成很大的压力，同时也对队员的篮球意识和进攻技术以及身体素质提出了更高的要求。

5. 身高与速度、身体与技术的统一

普遍重视身高是在 20 世纪 50 年代，但由于队员身高的迅速增加，出现了灵活性差、速度慢、技术单一等问题，因此当时的战术比较呆板，防守多以保护篮下为主，比赛节奏比较慢。1952 年、1957 年国际篮联两次修改规则，目的是让运动员向快速、灵活的方向发展。目前，世界篮球已经达到了高度、技术、速度相结合、相统一并持续发展。

（四）篮球运动的发展趋势

现代竞技篮球运动发展迅速，目前已成为一项技艺化的国际竞技体育运动，在统一的国际性组织——国际篮球业余联合会的指导下，有着其独特的比赛规则和竞赛方式，充分体现了“更高、更快、更强”的奥林匹克精神，而其竞赛过程中的对抗、竞争、拼搏也充分显示出了人类生命的活力和时代发展的进步。

篮球运动总体发展都朝着智高谋深、凶悍顽强、身高体壮、机敏多变、积极快速和全面准确这一总趋势与不同流派风格及多种多样打法的方向发展。篮球运动发展趋势主要体现在以下5个方面。

1. 智高谋深

现代篮球运动已经成为一项科学的智慧型运动，其发展与篮球运动的社会化、科技化，以及比赛形式的凶悍化和商业化密不可分。在这个背景下，教练员和运动员都应该注重智慧的训练和比赛，以正确的意识去应对各种挑战。然而，智慧的培养离不开综合的文化知识储备。要想在篮球场上智慧地掌握篮球技巧的运用，运动员需要重视文化知识的学习，并不断充实和更新知识结构。通过学习科学文化知识，来深刻理解篮球运动的本质规律，从而在比赛中更加准确地运用这些知识。

2. 身高体壮

在21世纪的现代篮球竞技中，仍然是大个子、群体的比赛。由于篮球比赛的特性所决定，个子高大、身体强壮和技巧的运用仍然是关键。高个子在比赛中仍然发挥着巨大的影响。然而，篮球运动对于个子高大的要求在现代已经发生了一些变化。首先，篮球界也开始更加重视提高高个球员的素质。其次，随着许多高大球员的涌现，比赛中的争顶更加突出，占据制空优势已经成为衡量球队实力的重要指标。

3. 机敏多变

随着现代篮球技术、战术的发展和比赛规则的反复修订，运动员在对抗中运用技术能力得到不断提高，传统的阵形和前锋、后卫界限日趋模糊，战术组织更注重速度和实效，攻守双方的争夺也更为激烈凶悍。因此，运动员在任何一次攻守回合中，只有富有创造性和应变力，才能创造出具有攻击性和杀伤力的机会。

机敏多变即要求战术阵势的应变多样化，战术的选择和组织都强调将本队的实际、篮球运动的发展趋势和时间观念、空间意识相结合，立足一个“变”字，以期在最短的时间、最快的速度下变化，组合最强的战斗力，取得最佳的效果。而“变”的基础是运动员的智慧与单兵作战的技能和整体配合的技艺水平，以及教练员的指挥谋略与综合才干。

4. 积极快速

篮球规则对进攻时间的限制不断缩短，篮球运动进一步强化“快”的意识，全面掀起了“快”的浪潮。20世纪90年代，篮球竞赛规则的进攻有了时间限制，要求一次进攻必须在24秒内完成。这给篮球运动提出了速度要求，进一步形成各种快的技战术方法。目前，不断提高“快”的意识，全面强化“快”的训练，已成为争夺篮球强国所必须努力的奋斗目标。

5. 全面准确

随着世界篮球运动对抗强度进一步发展，各国普遍重视运动员个体与队伍整体素质、素养和技能综合化、多样化的全面提高。

现代篮球比赛的一个显著特点是得分高，除了比赛节奏加快、进攻次数增多外，投篮的准确性在不同的位置、方式、距离和强度的对抗条件下也得到了提高。在未来的篮球运动中，准确性将变得更为重要，无论是传球、判断时机还是投篮，都需要精准。投篮准确性是篮球运动永恒的主题，也是其核心。

第二节　篮球的运动特性

篮球运动是在长28米、宽15米的长方形场地上，按一定的规则用双手或单手将球投向离地面3.05米高的球篮，并在规定的时间内以投进对方篮筐球数的多少决定胜负的一项竞技球类游戏。随着社会的进步和时代的发展，现已发展成为风靡全球、人们喜闻乐见的运动项目之一。

篮球运动是一项集体性很强的运动项目，只有运动员们团结一致、齐心协力、互相合作才能战胜对方。为了取得比赛的胜利，在规则允许的条件下进攻队员可以使用各种各样进攻技术和进攻战术，防守队员为了破坏对方的进攻，也要采用相应的防守技术。因此，可以说双方运动员既是同场竞技，也是攻守交错，他们展开的是一场以球为中心的激烈争夺。运动员对人体基本活动能力中的跑、跳、投等基本动作加以各种各样的变化，构成篮球运动的技术。篮球战术是由进攻战术和防守战术两大类战术体系构成，进攻和防守战术的选择则要根据临场攻守形势的变化而不断变化。因此，篮球技术、战术的运用具有复杂性和多变性，这就要求运动员不仅要有多样、协调的技术动作，而且还必须具备随机应变的能力。

随着时代的进步和社会的发展，现代篮球运动已完善发展成为一项科学的、技艺化的、国际大众性的竞技体育项目。其本身的活动过程，除了发挥强身健体的功能以外，还在于展现人们为追求更高、更快、更强的奥林匹克精神，更重要的是彰显着人类生命的活力，已经演变成为一种特殊的社会文化现象，是一道反映时代特征的社会人文景观。

一、篮球运动的对抗性

对抗性是篮球运动的一个重要特点，因为篮球运动是一项攻守双方直接对抗的竞技项目。简单地说，篮球运动是双方十名队员争夺一个球的控制权并投篮得分，这种情况下，双方队员发生对抗是必然的。比赛中双方队员始终是在制约与反制约之间进行面对面的争斗。篮球运动是在狭小的场地范围内快速、凶悍、近身进行的活动，争夺控制权、抢占有利位置、控制空间是其对抗性的主要反应，形成激烈的地面与空间立体对抗。这与篮球运动的场地相对来说比较狭窄，篮筐距地面也有着一定的高度密切相关。而篮球运动的魅力所在就是在特殊地面和空间进行短兵相接的对抗，这也决定了篮球运动在获球与反获球，追击、抢夺，限制与反限制中，不仅需要斗志，还需要充沛的体能和顽强的意志，是一种包含智、谋、技、体等全方位的攻守对抗竞赛。

在技术方面，篮球运动表现出了对抗性，在战术打法上同样如此，如攻守高速转化能力、快节奏全场攻击能力、区域紧逼成功率等。由于技战术的发展，如迫使对手难以施展技术特长和达到攻击目的的空间与地面全场紧贴对手，身体主动的个人防守技术以及贴身强攻技术，强行突破、强行投篮、篮下强攻技术等全方位对抗的特点在近年来表现得越来越明显。

篮球运动具有对抗性的特点，也对运动员提出了较高的要求。篮球运动中的对抗，不仅需要爆发型的力量素质和反应速度做基础，技术的运用也需要动作力量和动作速率做保证，因此运动员必须具备在攻守对抗中贴身防守与快速摆脱对手等情况下的抗衡能力。在篮球比赛中，队员之间的替换非常频繁，这是为了保持比赛中的对抗强度及持久的作战力，使运动员在场上有充沛的体力，提高对抗能力，这无疑是对篮球对抗性特点的反应。在对抗地形特点下，运用贴身攻防是运动员越来越注重的对抗手段，其凶悍拼抢的顽强作风也日益增强。在队伍的组织、阵容的配备、训练与比赛作风的培养、心理的准备上都应该重视篮球运动的对抗性特点。

二、篮球运动的变化性

篮球运动中技术是千变万化的，其内容也很多。在篮球比赛中运动员技术的运用具有不确定性和难以预测性。因而，运用技术的突变来造成对方失误是篮球技术变化的最终目的。

（一）篮球技术的变化性

1．篮球进攻技术的变化性

进攻技术的内容很多，运动员掌握进攻技术也有个体的差异，但是当运动员进攻时一般都是采用技术的突变来突破对手进行进攻的。当运球队员想突破对手时，多采取运球技术的突变来突破对手。运球队员可以首先采用左右摇摆运球吸引防守者，当防守者产生重心的改变时，运球队员立刻改变技术动作，用胯下运球来突破对手。若突破未成功，还可以改变技术动作，进行突破分球让本方其他队员进攻。因而，在进攻时利用技术突变进行进攻是非常有效的进攻方法。

2．篮球防守技术的变化性

队员进行防守时，也可以运用防守技术的突变来破坏进攻，造成对方的失误，降低进攻的成功率。在对方运球时，可以首先采取一般的防守方法，当对方运球停止或本方有机可乘时，可以迅速改变防守技术，积极进行抢球、断球，破坏进攻争夺球权。

（二）篮球战术的变化性

现代篮球运动向着规范化的良性方向发展，其战术也在不断完善和创新。在比赛中，教练员会根据场上的情况对本队的战术进行变化，通过战术的改变来抑制对方的发挥，进而取得比赛的胜利。

1．篮球进攻战术的变化性

篮球比赛进攻方式可分为：快攻和阵地进攻两类。教练员会根据场上情况及时对进攻战术进行变化。在本方比分领先时，进攻节奏放慢一点，尽量发挥本队的优势，采取快攻和阵地进攻交替进行，在稳中求胜。同时减少失误，不让对方有机可乘。在本方比分落后时，首先要咬住比分，尽量破坏对方的节奏。本方进行快速反击，进攻要稳中求快，让投篮准的队员多投篮，尽量投三分球，争取使比分拉平或超出。在比分交替上升时，本方要改变打法、改变进攻节奏，使对方防不胜防，争取领先比分。

2. 篮球防守战术的变化性

在篮球比赛中，防守方法可分为：区域联防和紧逼两种。教练员及队员要根据场上情况，及时调整防守方法，进行防守战术变化。在本方比分领先时，本方采用控制比赛节奏的方法，用区域联防进行防守，在稳中求胜。在比分交替上升及比分落后时，可采取紧逼防守，特别紧逼持球者，加强抢断造成对方失误，队员积极拼抢篮板球，积极争夺球权。

三、篮球运动的节奏性

（一）篮球技术的节奏性

任何运动都有其节奏性，篮球运动的本身特点对每一个技术动作都有节奏上的要求。篮球比赛节奏瞬息万变，攻守双方直接对抗、相互制约。在这激烈的对抗条件下，运动员能成功地保持自己的动作节奏具有重要的意义。

1. 篮球进攻技术的节奏性

进攻技术的运用过程中节奏的改变主要表现在起动、跑、跳、急停、摆脱、传球、运球、投篮等技术动作规格的熟练程度、变化速度、运用的技巧以及各项进攻技术的衔接和假动作运用时机等方面。如果这些技术动作节奏掌握得好、运用得适时、合理，就能摆脱防守，发挥其进攻的威力。

2. 篮球防守技术的节奏性

防守技术的运用过程中节奏的变化主要在滑步移动、抢球、断球、盖帽、抢后场篮板球以及防守技术间的各种衔接等。攻、防技术是互相制约，又是互相促进的。为了达到制约对方的进攻，必须首先熟悉和掌握技术动作的节奏及运用时机，并采取针对性的防守对策和措施，才能灵活运用防守技术的节奏，有效地抑制进攻的节奏，达到攻击性防守的要求。

（二）篮球战术的节奏性

篮球运动的对抗性、集体性、多变性决定了运动员的个人战术行动要与集体配合，必须快慢结合、张弛交替。其节奏是：通过个人战术行动和集体配合表现，可以把篮球运动节奏分为：进攻节奏、防守节奏、攻防转换节奏三大类。

1．篮球进攻战术中的节奏性

现代篮球运动融竞争性、对抗性为一体。比赛的速度不断加快，一次进攻往往只需几秒就能完成。这种快节奏的进攻，我们通常把它叫做快攻。如何控制快攻是衡量球队快攻战术质量高低的重要标志。

快攻反映了篮球运动快速灵活的特点，而阵地进攻能力则可以全面衡量球队的技战术水平和比赛能力。慢节奏是一种常规的打法；是一种稳健的打法；是一种经常采用的对抗形式；也是快攻的调节和过渡。

快攻与阵地进攻是篮球比赛中进攻的两种形式，他们的特点各异。都有其独特的优点，而把快攻和阵地进攻合理有效衔接起来，在当今篮球比赛中越来越重要。

2．篮球防守战术中的节奏性

防守与进攻是相互对立、相互制约的，是围绕着得分进行运动的。防守阻止得分，进攻寻找机会得分，无论进攻与防守都有其一定的节奏性。

防守快攻时主要目的是制约和延缓对方的速度，给同伴争取回防的时间。特别在快攻发动与接应阶段要积极进行堵截，夹击与控制快攻的接应的队员，破坏和干扰其传球和突破的节奏，制约对方发动快攻。对方展开快攻后，前场的防守队员在后撤与追防的同时要干扰对方推进的节奏，设法减慢其进攻速度。后线队员要边退边协同防守，对方取得人数和位置上的优势后，防守队员应主动出击紧逼对方投篮队员进行破坏性防守，迫使其节奏发生改变，降低其投篮命中率或造成对方失误。

防守阵地进攻时，应积极组织逼抢，提高防守的攻击性和逼迫性。同时防守要有针对性，并且注意运用防守节奏的突然变化迫使对方失误。在进行防守时采用联防和紧逼盯人交替运用的方法，变被动为主动，同时快慢节奏突变造成对方失误，出其不意，攻其不备，会取得良好的效果。

3．篮球攻守转换战术中的节奏性

现代篮球运动竞争性和对抗性并重，攻守转换不断增多。其时间也越来越短，速度越来越快，攻守转换体现了一种快节奏。进攻一方从获球开始总是以迅雷不及掩耳之势，尽可能快地发动快攻。这种快速转换的目的就是尽量打出本队的节奏，更好地控制比赛的进程。

四、篮球运动的综合性

篮球运动以手控制球，并围绕着投篮得分展开攻守对抗为主要活动形式，包含跑、跳、投等身体活动，是一项综合性的体育运动。由于比赛情况的复杂多变，因此随机性、多样性与不确定性是技术组合的特点。篮球运动涵盖的科学内容体系上也体现了综合性的特点。篮球运动涉及社会学、军事学、生物学、管理学、体育学、竞技学、教育学等等，这使它形成了独特的理论体系和技术、战术实践系统，已成为一门交叉的边缘性学科课程。篮球运动要求运动员具备特殊的运动意识、集体的团队精神、个性气质、身体形态条件、生理功能、心理品质、道德作风、专项技术与战术配合方法体系及实战能力等，这对教师、教练员的科学化教学、训练和高水平的指挥管理也提出了要求。综上，篮球运动是一项综合性的体育运动。

五、篮球运动的商业性

篮球作为一项全球性的体育运动，不仅仅是一种娱乐活动，更是一个庞大的商业产业。从职业联赛、球队、球员到篮球用品、赛事运营和媒体传播，篮球产业涵盖了多个领域，为经济发展和就业创造了巨大的商机。

篮球作为一项全球性的体育运动，具有广泛的受众群体。无论是在国内还是国际范围内，篮球都拥有大量的球迷和观众，吸引了众多的商业赞助商和广告商。一场精彩的篮球比赛不仅仅能够吸引现场观众，还能够通过电视、网络等媒体渠道传播到全球范围内，为赞助商带来巨大的曝光机会。篮球赛事的举办和传播成为各大品牌推广和营销的一种重要方式。

篮球产业链的延伸也为经济带来了丰厚的利润。篮球用品制造商、运动品牌、球鞋厂商等都在篮球产业链中扮演着重要的角色。随着篮球的普及和球迷的增加，对于篮球用品的需求也在不断增长。各大运动品牌纷纷推出与篮球相关的产品线，通过球星代言和赛事合作，提升品牌形象和销售额。篮球赛事的组织和运营也为相关行业带来了商机，如场馆建设、赛事策划、票务销售等。这些产业的发展不仅创造了就业机会，还为经济增长注入了新的动力。

篮球运动员作为体育明星，也具备巨大的商业价值。他们的形象和个人品牌不仅仅存在于赛场上，更渗透到了商业领域。许多篮球明星通过代言广告、个人品牌合作和社交媒体推广等方式，赚取了巨额的商业合作收入。他们的成功不仅仅依赖于在球场上的表现，更需要在商业领域中展现出自己的价值和影响力。篮球明星的商业合作不仅为他们个人带来了财富，也为篮球产业增添了更多的商业价值。

随着全球篮球产业的不断发展，篮球的商业价值也在不断提升。随着科技的进步和全球市场的开拓，篮球产业将进一步融合互联网、人工智能等新兴技术，创造更多的商业机会和创新模式。篮球的全球化趋势也将进一步加强，国际赛事的举办和球星的跨国合作将成为篮球产业发展的重要方向。篮球的商业价值无疑是巨大的，它不仅仅是一项体育运动，更是一个充满商机和无限可能的产业。

六、篮球运动的职业性

职业性也是篮球运动发展的一个新的特点。随着篮球运动竞技水平的提高及赛制和规则的完善，现代篮球运动蓬勃发展，一些职业篮球俱乐部纷纷成立。随着运动员智能、体能、战术水平的不断提高，篮球运动的职业化进程得到了推动，至20世纪八九十年代，在美、欧、澳、亚地区，职业篮球俱乐部如雨后春笋般建立起来，全球职业化篮球已发展成为一项新的产业。

七、篮球运动的集体性

篮球运动是一项团队运动，具有集体性的特点。在篮球比赛中，双方各上场五名队员，通过队员的集体协同配合，完成技术、战术行动。运动员的各种动作，如传球、接球、运球、投篮、移动和防守等，都是有目的性的，其作用是在战术指导思想要求下，通过两人以上的协同配合而实现。在篮球运动中有个人战术行动和集体战术配合之分，两者之间的关系非常密切，前者是后者的组成部分，后者则是前者合理组织的综合体现，两者是局部与全局、个体与集体的关系。在篮球比赛中，运动员应从全局出发并与队友通力合作，努力为本队制造严密防守和创造进攻机会。只有个人技术的发挥融汇在集体协同配合之中，才能够促使战术意图的实现。另外，集体的密切配合为个人才能的施展提供了所需要的条件。因此，全队行动的协调一致是球队在组建、训练和比赛中重点强调的，同时还要注意调动每个队员的积极性。总之，要想获得最佳成效，必须集整体的智慧和技能，发挥团队精神，协同配合。

第三节　篮球的运动价值

一、健身作用

（一）篮球运动对身体形态的作用

首先，体现在对骨骼的作用上。人们进行适当的篮球运动锻炼，能使骨骼承受一定负荷的刺激，促进血液循环，改善骨骼的营养供给，加快骨骼增长，从而促进骨骼的生长发育。经常参加篮球运动，采用较低和中等强度的运动负荷，对于发育中的骨骼，可明显促进其骨密质的形成；篮球运动对骨松质也有积极作用，大量研究表明，篮球锻炼可以增加骨小梁新骨形成，使骨小梁排列更有序。

篮球运动对人体的身体形态有重要的作用还体现在篮球运动对肌肉的作用上。骨骼肌是实现人体运动的器官，科学的体育锻炼可使骨骼肌的形态、结构及功能发生一系列适应性变化，具体表现包括：能够使肌肉体积增加；可以促使肌腱和韧带中的细胞增生，也可以使肌外膜、肌束膜和肌内膜增厚，肌肉变得更结实，抗牵拉强度提高，肌肉抗断能力增强。作为一项集力量、爆发力、耐力、速度、灵敏性和柔韧性于一体的运动项目，篮球运动可使肌纤维得到最大限度的发展，而且快肌纤维增粗明显；还可以增强肌肉收缩能力，通过改善和提高肌群的协调性，使肌肉收缩能以最有效、最经济的方式来完成某一动作，肌肉收缩的效率得到充分发挥。另外，经常参加篮球运动，一方面会使肌肉中的线粒体数量增多，体积增大，肌肉有氧氧化生成 ATP（三磷酸腺苷酶）的能力增加；另一方面会使肌糖原含量增多，增加肌肉内能源储备，可以延缓运动性疲劳的产生，有利于肌肉进行紧张持久的工作。此外，篮球运动对身体成分的作用也是篮球运动对身体形态作用的体现。[①]

其次，篮球运动对心血管系统功能有着重要的作用。篮球运动是时间较长、强度较大的运动项目，能够增强人们的心肌收缩力，同时在运动时，肌肉活动需要消耗大量的氧气和营养物质，产生较多的二氧化碳等代谢产物，血液循环加快，使心肌增厚，心腔扩大，还有利于静脉血液回流，使心脏舒张末期的容积增加，这些都是篮球运动对参与者心脏泵血功能的作用。

经常参加篮球运动，可以使动脉血管壁的中膜增厚，平滑肌和弹性纤维增多，大动脉的弹性纤维增长占优势，中等动脉的平滑肌细胞增长占优势，同时使心脏周围毛细血管的数量增加，心室肌毛细血管密度增大，冠状动脉增粗，有利于心肌的血液供应和对氧的利用；还可以使血氧饱和度增高，肌红蛋白增加，机体内含氧量增强，这都体现了篮球运动对锻炼者血液循环系统功能的作用。篮球运动还对微循环系统有着重要作用。篮球运动时，肌肉中的代谢产物增多，促使真毛细血管开放增多，有利于肌肉获得更多的氧，以适应代谢的需要。

最后，篮球运动对呼吸系统功能有着重要的作用。经常参加篮球运动，能使呼吸肌得到发展、胸围加大、呼吸深度加深、肺和胸廓弹性增强、安静时呼吸次数降低、肺活量增大。经常参加篮球运动的人，肺活量明显增加，有氧运动能力有显著提高，这说明篮球运动对改善机体的生理功能有积极的影响。篮球运动可以使安静时呼吸深度增加，而呼吸频率下降，肺泡通气量和气体交换率加大，即肺通气更有效。人体通过呼吸系统摄取到的氧气，还要通过心血管系统把氧气输送到组织器官。经常参加篮球运动还可以使肌肉中的毛细血管增加，线粒体数目增多和体积增大，能促进静脉血液回流和有氧氧化酶的活性增加，并提高肌红蛋白含量和最大吸氧量。

（二）篮球运动对身体健康素质的意义

首先，篮球运动对有氧代谢能力有着重要的作用。现代篮球比赛的运动负荷高密度、强度大，但由于比赛中的各种情况，如犯规、暂停、换人和球出界，运动员可以在这些时间内得到短暂休整，因此大部分时间都是以有氧代谢为主。对于普通人参与篮球运动或比赛，运动强度可能不及专业球员，但其有氧代谢提供

① 李明达．中国篮球文化建设的现状分析及对策[J]．广州体育学院学报，2010，30（5）：26–29．

的能量比例更高。因此，经常参加篮球运动可以有效提高肺泡通气量，提高呼吸效率，改善心血管功能，促进组织器官中氧化酶活性升高，增强利用氧的能力。

其次，篮球运动对肌肉力量有着重要的作用。篮球运动可以使肌纤维增粗，从而能够增加肌肉力量。参加篮球运动，运动者的红肌纤维增粗，合成 ATP 能力也得到增强，肌肉持续工作时间延长，从而也增强了肌肉耐力。

（三）篮球运动对身体运动素质的作用

首先，篮球运动对速度和爆发力的培养非常重要。篮球运动对速度的要求主要体现在提高反应速度和加快位移速度上。在篮球比赛中，当看到对方队员传球或投篮时，需要迅速作出判断，并做出准确的技术动作，这就需要快速的反应速度。经常参与篮球运动可以提高感受器官的敏感度，缩短对各种刺激的感受时间，提高中枢神经系统的兴奋性，从而减少反应时间。篮球运动员的攻防转换、运球上篮的速度、长传快攻上篮的跑动速度等，可使神经兴奋与抑制过程灵活性提高、转换能力增强、两脚交换频率增快，位移速度加快。篮球运动对爆发力素质的影响主要体现在加大起动速度和提高弹跳能力上。运动员通过各种快速、灵活、突变的脚部动作，在全身协调配合下，使身体的位置、方向和速度发生变化，并运用基本技术，可以更好地达到进攻时摆脱防守，防守时防住对手，以争取攻、守主动的目的。因此，经常参加篮球锻炼可以提高起动速度。现代篮球运动在争夺高空优势尤为重要，因而运动员要想在瞬间的变化中通过合理的技术争夺篮板球、抢断、封盖等，都需要具备良好的弹跳力。大量实践证明，经常从事篮球运动能提高弹跳能力。

其次，篮球运动对耐力素质有着重要的作用。经常参加篮球运动可以提高速度耐力素质，发展一般耐力素质。篮球比赛是一项长时间，高、中、低强度重复交替进行的非周期性运动项目，运动员需要有长时间反复进行短距离、高强度运动的能力。所以，经常参加篮球运动，能提高速度耐力素质。经常参加篮球运动，能使机体有氧氧化能力提高，血乳酸清除能力加快，同时大脑对血乳酸的耐受力得到提高。实践证明，经常参加篮球运动，有利于发展一般耐力素质。

最后，篮球运动对身体柔韧性有着重要的作用。柔韧性素质是指人体关节活动幅度的大小，以及肌肉、皮肤及其他组织的弹性和伸展能力。篮球运动可以改善身体的柔韧性。在篮球运动中，投篮、传球、跑、跳等动作都需要带动全身的肌肉。根据球员在场上的位置不同，对各个关节的柔韧性要求也有所差异。因此，在篮球运动中，只有通过正确地对关节的使用做出具体的动作，才能不影响技术动作的表现，经常参与篮球运动可以改善身体的柔韧性。

二、健心作用

（一）篮球运动有助于情商的培养

情商是一种非认知要素，通常表现为合作能力、人际关系处理能力、组织管理能力、问题解决能力及应对挫折能力等。情商作为非认知要素，对于学习、工作、生活和事业的成功都具有重要意义。篮球运动具有明显的对抗性、协作性和一致性规律，在参与篮球运动过程中，可以培养出充沛的体力和精力、良好的心理承受能力、公平的竞争意识、广泛的社交能力，以较高的情商应对学习和生活中的困境。参与篮球运动还有助于培养团结拼搏、乐于奉献和积极向上的良好品质。在篮球的规则限制下，能够形成文明的行为方式和健康的体育道德风尚。在篮球比赛过程中，有利于培养克服困难和善于创新的精神，同时也有利于培养科学、文明、健康的生活态度。

（二）篮球运动有助于提高健康幸福感

健康幸福感也称心理自我良好感，是指与积极参加身体锻炼有关的某种兴奋、自信和自尊的情绪和态度体验。积极参加体育运动者比不运动者的自我感受和评价更积极，这主要是由于锻炼身体而产生的成就让自己有内心愉快的感觉。锻炼身体对健康幸福感产生积极影响的原因有生理的、心理的和社会的，也可能是三者综合作用的结果。在参与篮球运动时，当一个技术或战术运用成功或者取得比赛胜利后，个体会通过自我欣赏的方式传递其成就信息给大脑，从而产生自我成就的认知和情感体验，得到愉悦、激励和健康幸福感。

（三）篮球运动有助于减轻焦虑和抑郁症状

焦虑是一种对当前或预计的威胁所反映出的恐惧和不安的情绪状态。与紧张、焦虑等消极情绪相比，抑郁则是一种更深层次复合的负面情绪，它可能伴随着人生价值的丧失而产生悲伤、恐惧、焦虑、羞愧甚至负罪感等情绪，这种情况持续时间较长，会给人带来更大的痛苦。在篮球运动过程中，人们通过自然的交流，能够建立相互信任和相互鼓励的人际关系，不仅可以增进快乐、调节情绪、振奋精神，而且这种积极的情绪状态可以使人变得自信、自强，有助于消除抑郁、自卑、烦恼和焦虑等不良情绪。因此，长期参与篮球运动对于有焦虑、抑郁等负面情绪的人来说，具有一定的改善和治疗作用。

（四）篮球运动有助于创造良好的情绪体验

在篮球运动中，比赛双方在身体素质、技战术水平、心理智能等多个方面展开对抗和竞争，力争在规则允许的范围内击败对手，获得胜利。篮球运动充满了趣味和激情，通过运球、传球、投篮、抢断、扣篮，以及攻防转换等技术动作和对抗，让人们感受到对抗带来的激情。不论是参与者还是观看者，都能在运动过程中体验到“尖峰时刻”，获得良好的情绪体验。

（五）篮球运动具有文化娱乐的意义

在日常的工作学习中，人们面临着各种各样的压力，对人们的心理健康造成了一定的危害。篮球运动可以作为人们休闲的一种手段，通过运动，使压力得到释放，从而可以以最佳的状态重新投入工作与学习中去。即使不亲自参与运动，人们通过观看篮球比赛也可以得到精神方面的享受，篮球比赛十分激烈，加上运动员高超的技术表演及球队精妙的战术配合，使篮球运动成为非常有魅力的运动。通过观赏比赛，人们的情感得到了极大的满足。

三、社会作用

（一）篮球运动对社会成员的教育作用

首先，篮球运动对于个体的价值观有着积极的影响。篮球运动具有强烈的教育性，因为它是一项集体运动项目，对培养学生的组织性、纪律性、集体主义精神和机智灵活的应变能力有着显著的作用。绝大多数青少年都具备上进心、好奇心和活泼好动等心理特征，所以学校组织一些篮球竞赛活动，有助于培养学生的竞争意识和开拓精神，同时也有助于培养他们的责任感、义务感和集体荣誉感。篮球竞赛能够给学生带来精神上的满足和情感上的愉快，激发他们锻炼身体的欲望。篮球运动的教育价值主要体现在以下几个方面：增强集体意识，强调人与人之间的相互配合、相互信任和相互协作；培养学生良好的行为规范和组织能力；提高学生的智能和体能。篮球运动有助于自我改进和自我发展，激励学生不断战胜自我，接受新的挑战；篮球运动可以促进人格的培养和个性的完善，形成良好的人生价值观。

其次，篮球运动对竞争能力和合作意识的培养具有重要影响。在篮球运动中，竞争与合作并存，唯有在实践中学会竞争与合作，发扬团队协作精神，才能提高比赛胜利的机会。篮球运动是一项集体项目，比赛中强调团队的协同配合。传球、切入、策应和突破等篮球技巧需要全队紧密配合，才能有效完成。通过篮球运动，运动者可以认识到，必须摒弃狭隘的内耗意识，将目光放在更广阔的环境中，真正懂得合作与竞争是团队健康发展的必要条件。

最后，篮球运动也对创新意识和创新能力的培养起到积极作用。篮球技术和战术的不断改变就是不断创新的过程。在比赛中，篮球运动员必须根据比赛的变化做出果断、快速的反应，通过观察和分析判断，做出有效的动作组合。从运动结构上看，篮球技术中存在一些相对固定的动作，但在实际运用中，整个技术动作又表现出很多不固定的因素。在相同的条件下，队员们的动作组合往往是不同的，这就需要篮球运动员具备灵活应变的能力，创造出新颖而巧妙的动作和配合。因此，篮球运动有助于培养运动者优秀的思维能力、适应能力和创新精神。同时，篮球运动既是团队合作又是个人竞技的综合对抗，队员们可以根据自身特点展现技术和智慧。这些杰出品质不仅在球场上体现，而且会延续到日常的工作和生活中，有助于培养敢于尝试、不断创新的精神。

（二）篮球运动对社会规范的作用

篮球运动有一定的规则，参与者必须在规则的规定下进行运动。规则对篮球运动是十分必要的，因为篮球运动是一项对抗激烈的运动，如果没有规则的制约，可以想象篮球运动中定会出现一些粗野的动作和不礼貌、不道德的行为。规则的出现，是对参与者行为的控制，它保证了双方在公平合理的条件下进行对抗，限制了不合理行为的出现。通过篮球运动，人们在规则的指导下进行运动，这对参与者具有个人行为规范化的教育作用，使他们获得对现代社会生活方式的规范和实践，培养健康文明的社会行为习惯。在篮球运动中，个体行为应当始终遵守规则，并展现出敬业精神和全力以赴的精神风范。在参与激烈对抗的过程中，如果发生身体碰撞，个体应该采取合理行动，旨在争取球权或获得有利位置，坚决不能有任何恶意伤人之意。因此，所有参与者必须理解并遵守规定，注重自身行为的合法性和道德性。在篮球比赛中，对于一些常常因情绪过激而发生的暴力行为，都有着严厉的惩罚措施，同时还会受到社会规范、社会公德的谴责，严重的还要受到法律的制裁。这种惩罚措施对篮球运动参与者有着一定的震慑作用，使参与者们按照篮球运动的规则进行运动，从而有利于社会规范的形成。

（三）篮球运动对经济的作用

篮球运动是体育的重要组成部分，体育产业的发展离不开篮球运动的发展。体育产业兴起，而作为其重要内容的篮球运动，由于普及广、发展快、影响力大，具有极大的发展潜力。尤其是近些年来，篮球运动的职业化、商业化进程加快，篮球运动对体育产业的贡献与日俱增，随着篮球运动的进一步发展，篮球运动的巨大经济价值将得到进一步体现。

（四）篮球运动对社会交往的作用

篮球运动是一项团体运动，涉及人与人的交往，通过篮球比赛，还会涉及球队与球队之间的交往，甚至是国家与国家之间的交往，因此篮球运动可以促进社会交往的进行。由于篮球运动在世界范围内开展，其已成为社会交往的重要手段。

（五）篮球运动对终身体育的作用

篮球运动对终身体育有着重要的作用。篮球运动深受人们喜爱，因为通过篮球运动，人们可以获得身心的发展。随着社会的发展和生活节奏的加快，人们面临着巨大的压力，体育运动成为人们缓解压力、保持健康的有效方式之一。尤其是篮球运动，由于其对场地器材的要求较低，其消费水平较适合广大消费人群，很容易普及。人们在奔跑跳跃、抛掷运投、攻防抢打的过程中，使身体得到了锻炼，身心得到了愉悦。但运动要想取得理想的效果，必须持之以恒。终身体育的理念就是主张体育锻炼要持之以恒，目前，终身体育的理念已经深入人心。篮球作为一项全民健身项目，广大群众喜爱有加。它不仅内容丰富，锻炼价值高，还能增强体质，提高人体各项功能。篮球不仅是一项保健项目，还是人们休闲娱乐时的有效手段。同时，它对提高人体素质和功能有着特殊的影响。篮球运动是一项全民健身终身体育的项目，必将对终身体育的发展有着积极的促进作用。

第二章　篮球文化与青少年篮球概述

青少年是篮球运动的重要参与群体，不论是在学校还是公共体育场馆中，都能看到青少年打篮球的身影。青少年篮球与篮球文化之间有着密不可分的关系。本章从篮球文化与青少年篮球两个方面展开，主要介绍了篮球运动的文化特点、篮球文化的功能、学校体育的功能、青少年身体发育的特点、篮球对青少年身体素质的影响、青少年篮球赛事与文化构建。

第一节　篮球运动的文化特点

一、篮球文化的内涵

篮球文化的内涵，主要是由物质文化、精神文化、制度文化所组成的有机体。①

从宏观意义上来说，篮球文化内涵实际上就是通过新的思维方式，凭借着前瞻性的眼光，从多种角度对篮球的文化展开分析和审视。

二、篮球文化的特点

（一）全面性

篮球文化的全面性，一方面是指篮球运动的开展是非常广泛的，所涉及的范围比较广；另一方面是指篮球运动作为体育运动项目之一，有着较为全面的运动特征，该特征有普遍意义上的，也有其自身的特殊意义上的。除此之外，篮球运动最初是以游戏的形式出现的，也赋予了其显著的娱乐性特点。除此之外，篮球运动还具有

① 纪德林．新视角下的篮球文化内涵、现状与趋势[J]．创新创业理论研究与实践，2019，2(5)：4-5，11．

对生活的装饰功能、拓展功能，同时还作为一种生活功能而为个人和社会所需要。

（二）地域性与融合性

1. 地域性

体育文化具有一定的地域性，篮球运动文化作为体育文化的一种，因此也具有地域性特点。篮球文化受到地理环境的影响而呈现出不同的特征。由于各个国家和民族有着不同的文化背景、个体差异，因此世界篮球文化也呈现多元风格，如欧洲篮球的风格多倾向于技术；美国篮球运动员身体条件很出色，较多体现在靠身体打球。

2. 融合性

篮球文化具有融合性特点，首先体现在篮球运动项目上。篮球运动是一项综合性的体育项目，参与者必须熟练掌握一系列如跑、跳、投、掷等动作，并在错综复杂、千变万化的对抗中灵活运用，才能掌握比赛的主动权。其次，篮球运动还有体能与智能方面的要求，受到参与者的思想和意志品质的影响。可见，篮球运动文化融合了多种元素，具有融合性特点。最后，篮球文化是体育文化，社会是其生存的环境，其不可避免地融合了各地的社会文化，篮球运动产生于美国，自从传入我国以来就开始了与我国文化相融合的进程，打上了我国文化的烙印，因此也说明其具有融合性。

（三）艺术性

体育本身就是艺术的重要表现形式，不同的运动项目都具有其独特的艺术性。对于篮球文化来说，其艺术性主要从其技术与身体的结合上得到体现，这方面所表现出的美是其艺术性的主要体现。另外，篮球文化的艺术性，除了参与者能感受到之外，在欣赏过程中也有不同的美的感觉。不管怎样，篮球文化的艺术性是毋庸置疑的。

（四）继承性和发展性

1. 继承性

继承性是文化的基本特点之一。这是因为文化的发展与创新是在不断地继承过程中实现的，可以说，没有继承就没有发展。人与动物的一个本质区别就在于人具有能动性与创造性。人类能够创造出文化，也能通过不断的学习和钻研，掌握文化并促进文化的发展与进步，还能将这些文化不断传播、推广，使更多的人学习，掌握并推动其发展。人类在将文化创造出来之后，还会对这些文化加以应用。但要注意，文化使用的过程并不是单纯的某种机械重复，中间是要赋予一定的创造性的，否则就与动物的模仿没有区别了，而这一过程就体现出了文化的继承性。这些道理对于篮球文化也是适用的，只有篮球文化的内容不断地积累和发展，才能得到进一步的丰富和充实。

2. 发展性

从发展的角度来看，篮球运动要想得到进一步的发展和扩展，需要具备的首要物质基础就是文化，同时各级联赛所形成的独特的文化形态为篮球运动的发展提供了重要的基础性条件。篮球文化经过不断的发展和扩张，逐渐发展成为人们文化生活中的一个重要组成部分。篮球运动发展受到很多因素的影响和制约，其中在比赛场上所形成的赛场文化在某种程度上决定了其最终的发展前景。

（五）全球性和民族性

1. 全球性

在统一规则的促进下，篮球文化的全球性主要从其形成上得以体现。从篮球的发明，到当前的广泛普及，篮球文化的内容在很多方面都发生了改变，尤其是在规则上。从规则的各不相同，到全球化的统一，篮球的真正全球化才得以展开。篮球成为人们参与体育的一项重要活动，有着显著的全球性特点。

2. 民族性

篮球世界范围被不断普及的过程中，逐渐形成了各种不同的风格，而这些风格的差异性形成的原因主要是地域和文化的差异性。

从文化学的角度上来讲，民族文化的反映形式各有千秋，要具体根据实际需求来选用。从民族自身的角度出发，其文化精神能够通过体育文化的形式得以体现，某种程度上，也反映了篮球文化的民族性特点。不同民族所在的地域不同，其产生与发展的历史、形成的文化形态都有所差别，这些主要反映在对篮球运动的理解与运动上，也是差异性较为显著的地方，在这样的背景下，不同的技术、战术风格便形成了。

第二节　篮球文化的功能

篮球文化的功能，与篮球运动的功能是有所差别的，即从文化的角度来加以分析，具体可以归纳为以下五个方面的显著功能。

（一）健康功能

篮球文化的健康功能是通过参与者参与篮球运动体现出来的。篮球运动作为一项综合性的体育运动，需要参与者具备多方面的素质。青少年参与篮球运动，接受篮球文化的熏陶，可以提高身体素质，改善各系统的功能，从而得到体质方面的提升，还可以磨炼青少年的意志、促进人际交往，有助于心理健康和社会适应能力的提高。

（二）濡化功能

濡化，可以理解为熏染，指的是将人在一个环境下的逐渐变化作为关注的重点。人是社会的个体，是社会的一分子，在一个大的环境下，人被别的事物同化是非常容易且经常发生的事情，通过不断经历这样的过程，使个体从生物人发展到社会人。从篮球文化的角度上来说，其所形成的环境是健康的、和谐的，通过参与篮球运动，可以有效激发和培养参与者的社会认同感、团队意识、遵守规则、平等、公正和竞争等社交观念和行为模式。文化产品的作用最为直接，这种价值观念一旦形成，便会以“润物细无声”的方式对受众的动机和行为产生影响。

（三）疏导功能

调查发现，现代青少年在抗挫折能力方面有所下降，其中最主要的原因来自较大的学习压力，在这种情况下，青少年需要通过一定的途径和方式去释放，从而使不良情绪得以舒缓，身心得到愉悦。当青少年处于篮球文化环境中时，会对篮球文化产生一种自觉的探索，对其中所传递的各种信息进行筛选和研究，在不断深入体会篮球运动魅力的同时，能使自身的压力得以缓解，让紧张的学习生活也拥有一定的趣味性，为更好地学习创造了有利条件。

（四）凝聚功能

篮球运动本身是一项有身体对抗性的集体性运动项目，篮球运动员可以看作是一个大的集体，他们聚集在一起的主要目的都是让自己的队伍赢得比赛，取得好成绩。篮球文化的凝聚一功能非常显著，篮球比赛带来的集体荣誉感，能培养他们善于合作的团队精神，让青少年的身心都得到陶冶，迸发出青春的激情之花。

（五）传承功能

从文化的整体上来说，其在整个不断发展演变的过程中，体现出了显著的传承性特点。传承是一种心理行为，也可以将其理解为一种惯性行为，能够将传统文化中先进、可行的部分继承下来，并加以发展和改进。青少年在篮球文化中熏陶成长，会把他们的认知传递给一代又一代的篮球爱好者，如此一来，就可以使篮球文化延续下去。

第三节　学校体育的功能

一、提高青少年体质与健康水平

青少年阶段不仅是培养学习技能的黄金时期，更是塑造青少年精神气质最重要的阶段。因此，学校通过体育教育提升青少年体质是实施健康中国战略的关键环节。随着社会的进步和城市化的推进，人们的生活条件不断改善，人们的身体活动频率和强度明显下降，导致肥胖率上升，身体素质下降。在互联网时代的背景下，各个年龄层的人都严重依赖手机和网络，在工作和生活中，部分青少年学生沉迷于网络游戏，长时间坐着不动和视力下降的现象非常普遍，这对于养成终身体育运动的习惯和提高身体素质非常不利。因此，全面开展学校体育运动既能够缓解青少年体质的衰退，更能够通过参与运动来培养他们的意志力，促进社交交流，提高生活幸福感。

二、关乎教化育人和振兴民族精神

学校体育对于青少年的身心健康成长具有重要意义和独特作用，是育人体系中不可或缺的重要组成部分。在学校体育的发展过程中，不仅要将体育锻炼视为培养积极人生态度的内在动力，也要使体育成为实现教育高质量发展的核心动力。然而，由于青少年的体育课时相对较少，许多学生在生活自理和自律方面存在明显不足，很难养成坚持主动锻炼的习惯。因此，学校体育不仅要在课堂内传授运动技能和培养运动习惯，还要在课外督促学生积极参与体育锻炼，增强体魄，促进身心健康，同时还应该通过体育竞赛来培养青少年的意志品质，提高他们的运动技能水平。总之，学校体育一方面承担着提高青少年体质和健康水平的紧迫使命，另一方面也具备成为体育强国和振兴民族精神的长远目标。

三、有利于培养青少年良好体格，养成终身锻炼习惯

学校体育的重要性还在于它能够增强学生的身体素质。科学而持续的体育锻炼有助于培养学生的健康体魄，使其具备良好的体质来承担课业压力和面对各种挑战。一个健康的身体是学生取得优异成绩和在学习中不轻易放弃的基础。此外，学校体育还促进学生的全面发展。当体育教育得到充分重视时，它与其他学科的教育可以实现协同发展，共同为学生成才服务。学校体育开展得好，能使“五育并举、协同发展”的理念落到实处并形成合力，共同促使学生成才。校园体育活动为学生提供了积极向上的文化生活，帮助他们摆脱低级趣味的影响。学生通过参加各种体育活动，可以培养道德情操，巩固兴趣爱好，并且形成积极向上的心态。更为重要的是，通过体育锻炼，学生能够不仅收获良好的身体素质，还有机会掌握某项运动技能。通过漫长的练习和精进，学生能够熟练掌握这项技能，并形成终身体育习惯，从而形成拼搏进取的精神。

第四节　青少年身体发育特点

一、青少年身体发展特征

（一）少年期

1．身体形态

（1）身高

少年在身高指标上有明显的增加，这是一个身高增长的高峰期。数据显示，少年的身高增长可达每年6～8厘米，个别少年每年的身高增长甚至约达到10厘米。

（2）体重

少年时期在身高指标上有一定增加。数据显示，少年的体重增长为每年5千～6千克。增长的体重主要是肌肉和骨骼的发育带来的。

2．身体机能

（1）心脏

少年时期的心脏发育状况主要为容积增大，心肌的收缩力也在逐渐提高。

（2）肺

少年时期的肺正处于第二个发育高峰，具体表现为肺泡容积和容量快速增加，肺活量增加明显等。

（3）肌肉

少年时期的肌肉发育较快，其力量素质也会随之大幅度提升，此时肌肉重量占比也在增加。从肌肉发育的形态来看，此阶段中肌肉总体是朝着变长的趋势增长，这种改变在男生13～15岁时、女生11～13岁时最为明显。出现这种肌肉以长度作为增长方式的原因主要在于这一时期男女生的身高快速增长。这种肌肉的发育态势直到16～18岁时才会改变，转变为向粗增长的态势。当然，这也与少年的身高发育减速有关。肌肉在这一阶段中的快速发育，使得少年的运动素质获得很大提升，从而可以接触更多的运动项目。

3. 神经系统

(1) 大脑形态

少年的大脑重量不断增加，当少年 12～14 岁时，普遍大脑重量已达到 1400 克，此时的脑容积基本与成人无异。

(2) 神经系统结构

事实上，少年神经系统结构在其 6～7 岁时就已基本完成发育，但最终完成发育要到其 14～15 岁时。神经系统结构发育完全的标志是大脑皮层神经细胞的髓鞘化，如此才能保障刺激信号的传导速度更快。此外，大脑额叶的发育趋于完善，由此标志着神经系统结构的发育基本结束。

(3) 神经系统机能

少年的大脑神经机能有着较高的兴奋度，且兴奋与抑制之间的转化较快。

4. 性发育

少年的性功能处于快速发育期，这是他们生理上的发展趋向成熟的一大标志。少年时期的性发育主要体现在“第二性征”的出现上，具体为男生出现遗精现象、长出胡须、喉结逐渐凸出、声音变得低沉等；女生出现月经初潮、乳房隆起、声音变尖、脂肪堆积快速等。

（二）青年初期和中期

1. 身体发育

处于青年初期时的身体发育大体上已经完成，但没有达到完全成熟的程度。这一时期的发育特征主要有如下几点。

第一，在经历了第二生长高峰后，青少年在身高、体重等外在形态指标上几乎与成年人无异，骨骼也基本完成了骨化过程。

第二，青年初期的青少年的心脏容积增大，收缩力增强，每搏输出量增加。不过此时动脉血管的发育还稍显滞后，因此会出现短期的青少年高血压现象。

第三，肌肉发育加快，主要表现为肌纤维变粗、肌肉体积变大，肌肉力量和肌肉耐力增加显著等。

第四，男生胸骨逐渐扩大，女生盆骨不断增大，男女生的外在形体差异越发明显。

第五，肺活量逐渐增加，呼吸机能不断提升，已非常接近成人水平。

2. 神经系统

处于青年初期的青少年的神经系统的发育趋向完全，大脑的神经系统结构和功能基本与成人无异，第二信号系统所起的调节作用越来越明显，兴奋和抑制也更加趋于平衡。

3. 性机能

处于青年初期的青少年的性机能已基本发育成熟，无论是其生殖器官的外在形态，还是实际功能都已接近成人。男女生第二性征的发育已非常明显，并且两性间的性别意识进一步萌生，此时期男生和女生进入了一个相对亲密的接触期。

二、青少年心理发展特征

（一）情绪与情感

1. 内向性与外向夸张并存

处于儿童阶段的孩子基本是难以掩盖内心情感的，他们的内心情感状况通过外在的表情和行为就可以一览无余。而青少年则不会这样，青少年的情绪转化已经开始逐渐变慢，这种改变源自将过去那种格外注重对外部世界认识转变为开始更加关注对内部世界的认识。这使得青少年已经不再像过去那样愿意将自己的真实情感表露在外，而表面上的情感体现已经能受其意识和需求的支配了。

不过青少年在有些时候的情绪情感还是有一定的外向夸张表现的，这主要是他们想利用这种行为博得他人的关注，但这种行为的出现可能并不出自他真实的本意，是一种目的性很强的情感表现。

2. 冲动性与稳定并存

少年时期时的孩子，他们的情绪总是显得起伏较大，情感上也有很强的冲动性。而到了成年人阶段后，此前波动较大的情绪情感会逐渐稳定下来。青少年时期刚好处于少年期和成年期的过渡阶段，这一时期的青少年的神经兴奋性依旧较强，在某些特定情况下还是会做出一些冲动行为，对自己的情绪管理尚不完善。但正处于价值观建立阶段的青少年，已经有足够的理解能力来感知外界事物和与人相处的基本之道，所以相比少年时期的自己，青少年的情绪总体还是更为稳定的。

3. 自尊与自卑并存

处于青少年阶段的人有着很强的自尊心。在这一时期的青少年有着向成年人形态和思维靠拢的强烈意识，他们甚至认为自己已经是成年人了，有着和成年人一样的思维方式和行为举止，有时甚至想通过模仿成年人来标榜自己的成熟。他们更加希望得到他人的认可和尊重，这是他们对自己即将形成的成年人形象进行的一种维护。然而过强的自尊心如果没有得到正确的引导，则可能由于这种情感过于激烈而导致与他人的关系紧张，甚至滋长猜忌之心和嫉妒之心。但如果自尊心太弱，也会导致一些心理障碍的出现。

另外，还有一些青少年因过度自信而变得自负，表现为过高估计自己的能力，对于一些明显超出自己能力之外的目标一旦不能达到便会垂头丧气、情绪低落，这种情况如果多次出现就会使其丧失斗志、失去自信，甚至出现自卑心理。

总的来说，过度自尊和过度自卑都是在青少年身上出现的较多的情绪问题。

4. 强烈的友谊感

青少年非常注重友谊的存在，这也对他们的学习和生活非常重要。之所以青少年会对友谊如此重视，在于他们期待从朋友那里获得想要的鼓励与支持。拥有相同价值观和喜好的青少年非常容易成为朋友，且此时的友谊更加牢固和值得信任，这也是许多人最亲密的朋友都来自青少年时代的伙伴的原因。现实中，我们也经常能够看到一些青少年在遇到困难和困惑时，首先想到的倾诉对象是朋友而不是父母和老师。在青少年看来，来自朋友的宽慰和理解更为重要，更能缓解他们内心的焦虑和不安。因此，对于青少年来说，能够带来十足友谊感的朋友这一角色，是家长和老师无法取代的。

不过，也有一些青少年在友谊感的驱使下出现了交友不慎的情况，他们多以打着“哥们儿义气”的旗号做出违法乱纪的事情，甚至是犯下罪行。面对这种问题，应以严肃教育和后期引导为主，从而让青少年树立一个正确的友谊观和交友观。

5. 情绪易弥散

周边环境和氛围的变化容易给青少年带来情绪弥散的影响。较为常见的事例如，青少年往往会因为某件使内心愉悦的事情（考试成绩好、比赛得冠军、学会了新技能）而开心很多天，这几天他感觉到身边所有的事情都是充满正能量的。当然有这样的心态是很好的。但反过来看，一旦他们遇到某个消极性事件，给他们的情绪带来了消极影响，则也会感到周边一切事物都是那么灰暗和让人感到厌烦。良性情绪的弥散具有积极作用，不良情绪的扩散会带来不良影响。因此，一旦发现青少年受到消极情绪扩散的影响，应及时予以干预。

6. 性情感萌发，美感发展

随着青少年性器官发育的日益完善，他们的性心理和性情感也逐渐萌生，并且越发强烈，具体表现为男女生之间的爱慕之情日显，并且在平日男女生的接触更为密切。这一时期，男生或女生都有意识地想在自己喜欢的人面前表现自己，或是展现自己的勇敢，或是展现自己的温柔。总之想在异性面前展现出更好的自己，从而吸引到喜欢的人的注意和赞美。

不过，这一时期的青少年的心理仍旧处于发育期，相对成年人来说还显得很不成熟，所产生的性心理和性情感也多为表面上的情感，稳定性较差，因此需要家长和老师及时引导，以免青少年为情所困，做出轻率举动，抑或是耽误了学习。

（二）自我意识

1. 自我评价能力提高

青少年对自我的认识逐渐变得客观，在一定程度上也能对自己的心理和思想状态进行分析，对自己的优点和不足都有了较深的了解。尽管如此，这些对自我的分析和评价中还是带有一定的主观色彩，表现为较多评价自己的优势，较少提及自己的不足。然而，一旦心理上不能把控好这个度，就可能因为自己的优点而沾沾自喜，面对不足则会丧失信心，甚至陷入极端的误区之中。

面对青少年自我评价能力不足的问题，家长和教师要正确引导他们，鼓励他们从更加全面的角度评价自己，特别是要引导他们在肯定自身优势的同时，也要认识到自己的不足，鼓励他们进行自我教育和自我改正。只有这样，青少年的自我评价能力才能逐渐提高。

2. 寻求独立

由于青少年的智力、心理、经历、社交等各方面经验都在快速增长着，再加上自我意识的萌生，使得他们非常容易形成“成年意识”，认为自己已经是成年人了，急切地对事物做出判断和寻求自主解决问题。他们对别人依旧视他们为孩子感到不悦，期待得到他人对自己独立的认可。

然而，此时的青少年并不是真正的成年人，但基于这种心理的存在，家长和教师在对青少年进行引导时要特别注意对待他们的态度和定位，以前那种视他们为孩子进行管教的思维和方式要有所弱化，转而采用以相对更加平等的地位看待他们，耐心倾听他们的想法，谋求和他们平等相处，耐心指导。

（三）个性心理特点

1. 理智特征

在青少年阶段，学生会随着年龄的增长而表现出不同的理智特征。例如，相比于初中生，高中生的理智感就更强，他们会表现得更加成熟，理性元素更多充斥在生活和学习之中，且他们的主动观察能力也更强，更能集中精力在想做的事情上。不过，青少年的理智特征也有不小的个体差异，这点特别是在性格上有明显体现，如思维的独立与依附、感知的粗略或精确、记忆的直观与抽象等。对于这些方面，不同学生有不同的倾向，甚至学生之间的差异较大，这都是正常的。

2. 对现实的态度

青少年对现实的态度主要通过其对社会、集体和他人的态度上反映出来。例如，做事是否缜密、做人是否正直、对自己是否严格要求、做事是否专注、是否有共情能力等。而这些态度都是在做出实际举动之后才能看到的。

3. 个性的倾向性

(1) 兴趣广泛

兴趣对于一个人来说，可以丰富其生活，活跃其思维，调节其情感。因此，兴趣对青少年的发展有着不容忽视的作用。很多兴趣是从少年时期便开始出现的，但在青少年时期得到了进一步发展。青少年更多的知识储备和实践经验无疑更能支撑其兴趣。但如果兴趣选择不当或不能自控，则可能使青少年误入歧途，沉迷其中不能自拔，以致荒废了学业。

青少年兴趣的变化经常表现为一个从窄到广，再从广到指向明显，最终形成中心兴趣的过程。根据这一兴趣养成规律，家长和教师要积极鼓励学生探寻自己的兴趣，引导青少年正确对待兴趣，如发现有不良兴趣点，则需及时干预。

(2) 人生观初步形成

青少年的经验、阅历、所学的知识等不断增多，于是慢慢地他们也会思考自己的人生规划、努力方向和理想追求。如此一来，青少年的人生观就逐渐被建立起来。青少年树立正确的人生观有助于他们更好地融入社会，打造良好的人际关系及完善自身发展。为此，家长和教师对此要全力进行引导，特别是家长在这个环节中的作用是至关重要的。

（3）对未来充满理想

青少年的心理发展已经趋于成熟，他们希望通过发奋学习的方式力求实现自己的理想。不过，青少年的理想尚不稳定，经常会由于一些因素的影响而发生变化。为此，家长和教师要注意在这方面加强教育，防止孩子订立一个不切实际的、好高骛远的目标。

（四）心理发展的性别差异

1. 智力差别

以智力的平均水平来看，青少年群体中男生和女生是没有太大差异的。感知觉方面，男生的优势在视觉能力和空间想象能力上，女生则在听觉、嗅觉、触觉和色觉上更具优势。

在思维层面上，男生更善于运用逻辑思维，而女生则更善于运用形象思维。当然这只是相对而言的，这两种思维是不能脱离开而来单独存在的。这里所谓的更善于某种思维只是表述的一种思维偏向。

在记忆层面上，男生对于机械记忆的方式普遍有抵触心理，他们更倾向于用理解和抽象的方式记住事物，而女生则更擅长以机械记忆的方式记住事物。但总体上，青少年阶段的男女生在记忆力上的差别不大。

2. 情感、意志差异

在情感层面上，青少年阶段的男生普遍较为热烈、粗犷，女生则更显细腻、温柔和敏感。在人际沟通上，总体表现为男性稍外向、女性稍含蓄的状态。

在意志层面上，青少年阶段的男生有着更强的抗挫能力，并且对未知的事物有着强烈的好奇心和探索心，而女生较强的耐心、韧性、容忍性和自制力是其绝对的优势。

在个性层面上，青少年阶段的男生普遍个性更为突出，他们非常强调自我与他人的不同，并且期待自己的这种个性得到他人的认可，而女生由于稍显内敛，因此在个性显现方面相对较低调。

当然，这里还需要强调一下，上述所列举的处于青少年阶段的男女生的心理发展差异揭示的只是一种普遍性规律，做出的强弱对比也仅是相对而言。

第五节　篮球对青少年身体素质的影响

一、篮球运动对青少年生理健康的影响

篮球运动对青少年的生理健康有很大的积极影响，这主要体现在以下四个方面。

（一）改善身体形态

经常参加篮球运动健身的人所接受的篮球活动均为有氧运动。有氧运动可以明显增加脂蛋白酶（LPL）的活性，可以促进脂肪供能，促进运动中和运动后体内的脂肪分解，增加脂肪的利用率，促进肌肉体积增大、力量增加，达到强身健体、保持优美线条的目的。经过数据分析可知，男性通过经常性的篮球健身运动，上臂皮脂、背部皮脂、腹部皮脂的厚度明显减少，肌肉力量也获得提升，健身和健美效果可谓十分明显。此外，正常人骨骼肌重量约占体重的40%，经常参加篮球运动的人的骨骼肌重量可达到45%～50%。

（二）促进肌肉发育

长期的实践证明，经常参加篮球运动可以使人的骨骼肌形态、结构和功能水平保持在同类人群中的较高水平。篮球运动还可以使骨骼肌发生一系列的适应性变化，这种变化具体表现在增加肌肉体积、增强结缔组织韧度、影响肌纤维类型和肌群收缩协调性等方面。

1．篮球运动对肌肉体积的影响

篮球运动作为全身性运动，它对肌纤维的增粗起到积极的促进作用，肌纤维的增粗最终使得整块肌肉体积增大，进而使得该部位的肌肉群也随之增大。

2．篮球运动对增强肌肉结缔组织的影响

篮球运动中的大多数动作都会不断地出现和反复，同时有许多动作非常依赖人体爆发力，这些运动特点使得篮球运动对提升肌肉结缔组织的强韧水平有较多的帮助。

3. 篮球运动对肌纤维类型的影响

参与篮球运动的人可以使自身的身体素质得到锻炼。篮球运动中表现出的力量对抗动作，可使肌纤维得到最大限度的发展，这种力量对抗对肌纤维的增粗作用明显。

4. 篮球运动对肌群收缩协调性的影响

在参与篮球运动的过程中经常会遇到如急转急停、快速起动等技术动作。这些技术需要身体各方面完美地协调，而这种协调主要是对肌肉收缩协调性的要求，它使原动肌、对抗肌和固定肌共同收缩，相互配合，以确保工作的完成，从而改善和提高这些肌群的协调性，使肌肉收缩的功能得到充分发挥。

（三）促进骨骼生长

经常参加篮球运动，人体通过不断地奔跑、跳跃、急停和变向等动作，不仅促进了血液循环，增强了新陈代谢，而且有效地促进了骨的结构与功能的变化，使骨密质增厚，骨小梁的排列受肌肉的强力牵拉和外力的刺激作用，增强了骨的坚固性，韧带在骨骼上的附着部位、结节、粗隆和其他突起部位，利于肌肉和韧带更牢固地附着在骨骼上。这些变化都有利于骨骼承受更大的外力作用，进而提高了骨的抗扭、抗变、抗断和抗压能力。

经常参加篮球运动，不仅可以使骨骼逐渐变粗，还可以促进骨密度增加和骨质的提高，甚至还对骨骼长度（腿部骨骼）的增加有一定的辅助作用。如通过统计分析得出，经常参加篮球运动的青少年，比不爱运动的同龄人身高平均高几厘米。

（四）改善身体机能

1. 改善心血管系统机能

研究表明，长期坚持适当的篮球运动，可使心脏的重量和体积增大。一般情况下，人的心脏重量约 300 克，而运动员的心脏可达 400～500 克。篮球运动强度或运动时间保持在合理范围内时，会使动脉管壁中的膜增厚，还会使弹性纤维和平滑肌增厚，血管壁的弹性增强，搏动有力，有利于血液流动。经常参加篮球运动还可以使心脏微循环得到改善，这主要体现在心肌毛细血管扩张，心肌细胞储氧量丰富等。适度的篮球运动无疑对人体心血管功能有良好的促进作用，除此之外，还可以有效改善体内物质的代谢过程，减少脂肪过多地堆积在血管壁上，从而使血管壁保持良好弹性。

篮球运动会对心率产生影响。运动对氧运输系统的影响更多地表现在心排血量的增加方面。人体在运动时和相对静止时的血流量情况有很大的差别。在运动时，机体会将血液及相应的血流量重新分配给所需的组织器官。由于运动的主要动力是肌肉的收缩，因此在运动时人体骨骼肌的血流量会迅速增加，以满足其代谢增强时的能量供应。

通过实践和运动康复研究发现，有氧运动对改善人体血管弹性具有良好效果，如抗阻力训练可降低心血管疾病的危险因子，并增强心血管功能。

2. 改善呼吸系统机能

篮球运动中包含大量急转急停、相互对抗及对爆发力要求较高等的动作，再加上攻防之间的快速转换，这些都使得这项运动对人体呼吸摄氧要求较高。研究表明，长期参加篮球运动的人的最大摄氧量高于同年龄不经常参加运动的人。

二、篮球运动对青少年身体素质的影响

（一）能够提高青少年的反应速度

篮球比赛中的场面变化可谓是瞬息万变。为了应对场上可能出现的各种情况，要求青少年要具备足够的反应速度。经常参加篮球运动可以很好地刺激青少年的神经，由此增加他们的神经系统对外来刺激信号的传导速率，进而提高青少年的反应速度。

（二）能够提高青少年的灵活素质

篮球运动拥有多样性的技战术，其中许多技术在运用过程中还会受到对方的干扰。如果长期参加篮球运动，会提升青少年身体的灵活素质，使他们不论是在球场上还是日常生活中都拥有更迅捷的身体动作反应。拥有较高的灵活素质，在球场上可以提升技术的抗阻能力，并降低出现运动性损伤的概率，而在生活中则可以对一些危险情况做出快速躲闪动作。

（三）能够提高青少年的耐力素质

篮球运动的强度普遍较大，对运动者的体能储备有着较高要求。经常参加篮

球运动的青少年可以在训练中获得耐力素质的提升，这是保证他们在比赛中顺利发挥技战术能力的保障。通过实际比对也可以看到，经常参加篮球运动的学生与一般学生相比，其耐力素质普遍更好。

三、篮球运动对青少年心理健康的影响

篮球运动能对青少年的心理健康产生积极影响。篮球本身是一项积极的、阳光的、充满活力的运动项目，参与其中的人可以很容易地体会到这点。青少年参与篮球运动有助于他们维持自身的良好心理状态，促进其在健康、快乐、乐观的心态下成长。篮球比赛的形式和规则决定了参与比赛的双方只有一方能取胜，另一方只能接受失败的结果。所以，对于这项非输即赢的项目，大多数青少年都会有过失败的挫折感。但这并不是坏事：一是可以提高他们对挫折和失败的心理承受能力；二是可以给他们建立起一个正确的胜负观；三是可以培养他们更加坚毅和顽强的意志。当青少年具备这些心理能力之后，会使他们在日后的比赛中一旦遇到困难，或出现了不稳定的情绪，能以更沉着的心态来面对。这不仅能帮助青少年在球场上持续良好的表现，将这些好的心理能力映射到生活中，也同样能使其冷静对待各种纷繁复杂的事务，或是敢于挑战强大的对手。

（一）体验篮球运动的快感

篮球运动是一种可以全方位锻炼人体的球类运动。在篮球运动中，当个体成功运用一项技术或战术取得比赛胜利后，个体会通过自我欣赏的方式将这一成就的信息传递给大脑，从而使大脑充分享受自我成就的效应，进而产生愉悦、兴奋和健康幸福感。

鉴于篮球运动中的对抗性和趣味性，许多年轻人自发聚集在篮球场上，尽管每个人都拼得筋疲力尽，大汗淋漓，但都会感到兴奋和愉快。此类兴奋感和愉快感的存在就是得益于身体的剧烈运动，特别是经历了激烈的身体接触与碰撞的刺激，在合理的情况下，尽情地释放出人类攻击性的本能。在这个过程中所激发出的极度兴奋感，使参与者暂时忘记疲劳、忘记伤痛、忘记一切烦心事，完全陶醉在兴奋和快乐之中。只有经历过这种运动体验的人，才能真正享受到身体对抗运动时带来的情绪体验。

（二）疏导不良的情绪状态

现代社会竞争激烈，每个人无时无刻不在面临着生存、竞争、交往的压力，极易产生持续的焦虑心态。而篮球运动作为易于开展的球类运动，人们可以非常便捷地参与其中，参与篮球运动不仅有助于宣泄运动者消极的心理能量，而且通过篮球运动所特有的交流形式和自然的沟通，可以增进理解，疏导不良的情绪状态，缓解焦虑和抑郁症状。

参与篮球运动可以在多个方面体现快乐、情绪调节和精神振奋。此外，积极的情绪状态对于保证个人的自尊、自信、自豪和自强也非常重要，同时可以有效缓解甚至消除焦虑、烦恼、抑郁、自卑等不良情绪。所以，长期参加篮球运动，能有效治疗并改善神经衰弱等精神疾病患者的症状。

（三）完善个性的心理特征

个性心理特征，是指个体身上表现出的带有稳定性和经常性的心理特点。对于篮球运动来说，可以将其从宏观上看成一种团队与团队之间的对抗，而从微观的层面上来看，它又是团队中人与人的对抗。因此，在篮球运动团队中的每一个人的能力发挥能决定着团队的战斗力，相反也可以说团队的行为需要依靠每一个人来配合，必要时还要牺牲个人的利益，如得分或上场时间。因此，篮球运动有助于实现个性心理特征的自由发展。

篮球比赛的竞争能够充分表现出人的本质力量是最直接、最富有活力的。因此，篮球运动可以实现人的个性的自由发展。

（四）培养坚强的意志力

就篮球运动训练来讲，篮球运动技术不难，但是要真正掌握需要运动的技能花费很长的时间不断地重复练习。培养一个优秀的篮球运动员往往需要几年的时间，而在训练过程中，运动员必须克服来自身体和心理的各种困难，最终才能获得技能的提高。

就篮球运动比赛来讲，篮球比赛是在激烈的直接对抗中进行的，这就要求运动员除了具备必要的良好技术和较高的身体素质外，更要具有坚强的意志品质，来应对对方的身体或手臂造成的阻碍，克服体能下降的影响，在比分交替时要控制好情绪等。由以上论述可以得出结论，参与篮球运动是一种意志磨炼过程，参与者在这个过程中需要克服各种困难，以实现他们预期的目标。篮球运动能够培养人们的毅力、勇气和坚韧不拔的意志品质，同时也能培养人们独立工作的能力，发展坚定的目标意识和自我约束力，战胜人体的生理惰性。

总的来说，现代篮球运动能够使人的个性得到张扬，从而使人的个性得到更为自由的发展。篮球运动为人的个性发展和个性的张扬提供了更为广阔的演练空间，人们可以有选择地表现自己的个性，如塑造拼搏进取的人格精神、品尝胜利欲望的满足、追求内心的自我超越，或表现健康向上的生命力。

第六节　青少年篮球赛事与文化构建

一、青少年篮球赛事概述

我国青少年篮球运动的赛事，主要有中国大学生篮球联赛、大学生超级篮球联赛，还有逐渐兴起的青少年篮球公开赛。

（一）青少年主要篮球赛事

1. 中国大学生篮球联赛（CUBA）

中国大学生篮球联赛，简称 CUBA（China University Basketball Association）。其规模之大，参赛队伍之广，现场观众人数之多均创我国赛事之最。中国大学生篮球联赛的举办和发展意义重大，其改革的方式和力度都有效促进了中国篮球职业化的发展进程，促进了篮球运动的发展及国家与世界的接轨。除此之外，中国大学生篮球联赛的举办和发展，还从新的视角出发，以全新的思维方式推动了学校课余体育训练的开展和中国高级体育人才培养模式的提出与实施。CUBA 比赛分为基层预赛、分区赛和决赛三个阶段。

2. 大学生超级篮球联赛（CUBS）

大学生超级篮球联赛，简称 CUBS（Chinese University Basketball，中文简称“大超”联赛）是 2004 年 6 月 1 日诞生的。大学生超级篮球联赛的创办有其自身的显著特色：首先，强强联手，联赛的水平相对较高；其次，通过专业化的运作，使“大超”联赛的商业空间得到进一步的拓展；最后，通过高校互动的形式，使得校园篮球文化的发展得以促进。通常，大超联赛常规赛为循环赛制，各区积分最高的前四名晋级季后赛。

（二）欣赏青少年篮球赛事文化应具备的基本条件

对青少年篮球赛事文化的欣赏，并不是随意而为的，而是需要具备一定的条件的，具体有如下3点。

1.要有较高的篮球文化意识水平

篮球运动不仅仅是一项体育项目，其已经成为很多领域的共同参与者和体现者。篮球运动的功能不断被扩展和充实，体育运动方面只是众多功能之一，因此，要对篮球运动加以欣赏，首先要从其文化现象上加以欣赏。

篮球运动本身所具有的文化特征是较为显著的，且其涉及的范围也比较广泛，运动的相关知识、规范及比赛用到的场地设施等及价值观念，都可以被归入文化特征的范畴。因此，首先就要求青少年在对篮球运动固有的特征加以了解，在此基础上，正确认识篮球运动的价值，进而更加深入地理解篮球运动在社会的进步、政治的稳定、民族的团结、世界的和平等方面的作用。①

2.熟悉篮球运动项目的特点和比赛规则

篮球运动与其他体育运动项目一样，有自身独特的、完整的技术和战术体系、特定的场地和比赛规则，并且这些内容都是在不断发展和变化的。如果对该方面的知识了解甚少，那么就无法保证对篮球运动的欣赏的顺利进行，还有可能起到负面效应。

3.注重个人修养，文明欣赏

即便是青少年篮球比赛，能参与的青少年运动员也都是身材高大的，比赛的场面激烈而紧张，战术机智而灵活，能让观赛者情绪时而亢奋，时而消沉。观赛者的情绪会根据比赛的节奏发生相应的变化，因此就需要观赛者对自己的情绪进行有效控制，否则有可能会发生连自己都意想不到的事情。

在青少年篮球比赛过程中，如果观赛者所支持的球队失利或被裁判误判，一定要克制自己的不良情绪，不要做出向场内扔东西，甚至冲向球场殴打对方球员和裁判的事情，影响赛事人员的安全，妨碍比赛的进行。因此，提高观赛者的自

① 蒋小勇．论现代篮球运动欣赏[J]．体育科技文献通报，2011，19（4）：126-128．

身修养，文明观赏，是非常重要且必要的。

（三）青少年篮球文化赛事欣赏内容

1. 篮球运动的自然美

自然美在青少年篮球运动员身上，主要表现为：人体本身的耐力、节奏力度、意志品质、匀称及其在运动过程中动作的优美、协调等各个方面。这里主要对青少年运动员的体形和姿态加以说明。

（1）体型健美、匀称

在当下的青少年篮球比赛中，篮球队队员的体形的发展方向：剽悍健美、肌肉发达、小腿细、大腿粗、臂长手大、关节灵活、四肢长躯干短、体形匀称、身材高大。十足的弹跳力及惊人的柔韧性等方面，是体现青少年篮球运动员的形体美的重要体现。

（2）姿态大方、优雅

篮球运动对青少年运动员的肢体配合要求非常高，需要进行大量具体的跳跃及转移等动作，这就赋予了其大方、优雅的姿态；同时，还使得其腿、腰、臀、腹等部位的肌肉得到较为充分、全面的锻炼。由此可见，长期的、系统的、科学的篮球运动，能够有效地促进优雅的人体姿态的产生。

2. 篮球运动的运动美

运动美是体育美的核心，对于青少年篮球运动来说也是如此。在青少年篮球运动中，技术美、战术美及对抗美便是运动美的重要表现形式。

（1）技术美

青少年篮球运动过程中的技术美，指的就是青少年运动员的动作造型美，素质、技术水平高，体态美等的合称。具体动作的优美、精确、敏捷、娴熟等都能够体现出青少年篮球运动的技术美。除此之外，青少年运动员自身的耐力、速度、灵敏度等也是技术美的重要组成部分。

（2）战术美

在技术美的基础上，战术美不仅包含了团队的完美配合、集体的团结合作，还涉及篮球运动中战术的创新。在青少年篮球比赛中，青少年队员要对自身的主观因素，及对方的战术、实力等进行综合考量，适时改善自身作战计划、战术形式，将战术效能美发挥到极致，从而使自身团队获胜的可能性有所提升。

（3）对抗美

篮球运动被视为一项直接对抗性的项目。在现代的青少年篮球比赛中，对抗是不可避免的。这种激烈的对抗促使参赛双方提高自己的斗志，同时也大幅提升了篮球运动在美学上的价值。一场势均力敌的精彩对抗才更具欣赏价值。

3. 篮球运动的变化美

篮球运动作为一项体育运动，本身就是处于不断变化中的，再加上一成不变的事物会使人产生审美疲劳，因此变化美也是青少年篮球赛事的重要特点之一。

在青少年篮球比赛过程中，青少年运动员和篮球的位置、形态是一直处于变化的状态中的，尤其是篮球本身，在青少年运动员手中、地面及空中飞速流转，这种急速的不断的空间变化能够使青少年运动员的反应速度和判断、执行能力得到有效锻炼和提升，同时还能带给观赏者无尽遐想的空间。

4. 篮球运动的精神美

篮球精神主要指合作精神和团队精神。优秀的篮球团队不仅要求每个队员具备独立和出色的能力，还要求他们注重合作和团队精神。在青少年篮球比赛中，只有将个人优势与团队合作紧密结合，才能取得理想的成绩。无论是参与篮球运动的人还是观赏篮球比赛的人，都能够体会到篮球运动丰富而深厚的精神美。

二、青少年篮球文化的构建

（一）青少年篮球文化构建的现状

青少年篮球文化的建设对我国篮球运动的发展有着重要的影响。随着教育水平的提高和教育改革的深化，青少年的个人发展呈现出更加丰富多元化的特点。尽管青少年篮球文化已经在篮球文化和学校文化中占有了一定的地位，但是在建设上仍然存在着很多的不足。当前，青少年篮球文化建设的现状可以归纳为以下5个方面。

1. 篮球文化发展体系不健全

通过对文化发展的分析和探索发现，篮球文化必须在一个完整健全的体系的支撑下才能实现。篮球文化作为一种重要的体育文化形式，其在中国的发展往往具有杂乱无章、不成系统的特点。

绝大多数青少年对篮球的理解是处于表层上的，认为其只是一项简单的娱乐健身活动，在日常的学习中，只能起到一定的调节作用，而将篮球文化本质上的深远影响忽略掉了。

2. 青少年篮球运动基础设施不足

由于学校教育通常最关注的是学生的学习成绩，而忽略了学生的体育发展，长足的规划更是缺乏，因此在学校中，其所具备的基础设施只能使学生最基本的运动娱乐需求得到满足，无法再进一步地发展和提升。在篮球方面，学校的重视程度显然是不够的，学校对于篮球运动乃至体育运动的重视程度不足，导致学校的体育教学方法和观念也受到了影响。①

目前，仍然有很多学校的篮球场地是水泥地。在这样的场地上进行篮球运动很容易导致伤害事故的发生，并且场地空间不足等因素也会对篮球运动的开展造成影响。设备的落后也对青少年篮球文化的发展带来一定制约。

3. 篮球人文环境建设滞后

篮球人文环境内容是非常广泛的，包括建筑、雕塑、篮球比赛、宣传栏、校园广播等方面的活动，这些都会对篮球文化的发展产生影响。

在绝大部分的学校中，以篮球为主体的建筑、雕塑等人文环境是非常少的，这就使得人文环境对青少年篮球文化的潜移默化的影响被忽视。学生每天都可以看见以“运动”“篮球”为主题的建筑，势必会对篮球产生巨大兴趣。

当前，我国很多学校在篮球运动比赛方面不够重视，所组织的篮球比赛少之又少，很多学校一个学期都不一定会有一次像样的篮球比赛交流。这对于激发学生参与篮球运动的积极性、在篮球比赛中表现欲的释放、对青少年篮球技术的展现等都是不利的。学生在学校了解篮球讯息的途径也是具有较大的局限性的，主要表现：校园宣传栏、校园广播等校园传播媒介很少，有关篮球文化方面的活动更是少之又少。

社区也是青少年参与篮球运动的重要场所。但由于经费、人才、经验等方面的匮乏，社区组织的篮球比赛也较少，即使举办了比赛，也缺乏专业性和科学性，难以保证参与者的安全，无法满足青少年参与篮球运动的需求，这也在一定程度上打击了青少年参与篮球运动的积极性。青少年在社区中缺乏具有资质的篮球指

① 吉立夫，张明亮．高校校园篮球文化建设的策略研究[J]．科教文汇，2020（2）：22-23.

导员或教练员的指导，也很难使自身的篮球运动水平得到提升。

4. 青少年对篮球文化的认识不足

青少年篮球运动的建设过程中，学校对篮球文化的推广至关重要。青少年只有对篮球文化有充分的了解和认识，才能树立更好的运动观念，才能有效提升他们的篮球运动水平。

尽管篮球作为一项活跃在青少年群体中的体育活动已经普及，但是青少年对于篮球的理解仍然相对表面，主要停留在体育锻炼的层面，并未真正建立起对篮球文化的正确认知。与此同时，传统的篮球教育方法过于注重技巧和体能的训练，青少年并未意识到篮球文化对他们的影响，以及篮球文化所应承载的价值观，这导致他们在建设篮球文化方面缺乏积极性和主动性的参与。

5. 青少年篮球运动经费条件有限

对于大多数学校来说，仅能拿出有限的资金用于篮球运动。资金不足直接影响了教学设备的质量落后，以及篮球教学方法的不全面和不科学。随着科技的进步，越来越多的多媒体技术被引入了课堂教学，但是这些新兴技术鲜少在包括篮球在内的体育项目中的应用，这使得学生在体育教学方面所享受的教育资源有限。此外，资金的不足还限制了为篮球运动所需的医疗和组织等方面的经费。因此，资金是保持和保证篮球运动健康发展的重要条件，资金的限制将直接影响学生在校篮球活动的发展空间。

（二）青少年篮球运动文化建设的原则

在充分了解青少年篮球文化构建中存在的问题及影响因素后，就可以着手来对其进行科学建设，首先要考虑的是具有重要导向价值的原则，具体包含以下3个方面。

1.“以人为本”原则

“以人为本”作为重要的教育理念，也是青少年篮球运动发展中需要遵循的重要理念和原则。

青少年篮球文化中的一个重要内容就是“以人为本”。通过青少年篮球运动，能够使参与篮球运动的青少年体魄得到增强，人性教育和人格得到塑造。

严格遵循“以人为本”的原则，培养青少年素质的全面发展，将青少年对篮球运动的兴趣和积极性激发出来，使其能够自觉地去接触篮球、了解和认识篮球，并进一步热爱篮球，这对其身体素质的提升及社会发展需求都有积极意义。

2．和谐化原则

尽管不同学校的校风是不同的，但是有一点是毋庸置疑的，即积极向上且和谐的校园文化对青少年篮球文化的发展所产生的影响是积极的、正面的，具体体现在以下三个方面。

首先，是物质文化方面的和谐，主要是指青少年篮球文化环境的使用功能与审美需求的和谐统一。具体来说，就是学校总体的规划氛围内，为篮球文化的开展建设其所应有的场馆、场地及相应的设备。

其次，是精神文化方面的和谐，主要是指将学校独具特色的青少年篮球文化与青少年篮球实践活动的开展统一起来，并使两者达到和谐的程度，让青少年在思想上、精神上都得到改变和进步，同时也为其更好地全面发展提供精神支柱。

最后，在制度文化方面的和谐，主要是指通过宽松民主的青少年篮球文化环境的构建，借助不同的方式，来对青少年起到激励作用，使其能做到独立思考，同时还要借助相应的途径和方式，来充分发挥青少年自由、独立创造学习篮球相关知识与文化的机制作用。

（三）青少年篮球文化建设的实施

1．精神层面建设策略

（1）篮球文化理念的重塑

篮球理念代表了篮球运动的思维方式和观念，并且它构成了篮球运动文化的核心。深刻理解篮球文化的内涵和价值，并且积极研究和领悟国外先进的篮球理念，对于我国篮球事业特别是青少年篮球的发展是一项客观要求。为了构建富有内涵的青少年篮球理念，在实践过程中，应以青少年篮球发展的客观需求为基础，包括对国外篮球运动理念的深入研究，汲取其中的经验和教训，以丰富和充实我国的青少年篮球理念。同时，应坚持以人为本的教育方式，将篮球理念与青少年篮球运动相融合。

（2）构建和谐的青少年篮球文化环境

良好的青少年篮球体育文化环境，是学校环境建设的一部分，其具有显著的复杂性和细致性特点，因此不断完善这一环境是非常重要且必要的，需要全校师生长期不懈地努力才能实现。

2. 物质层面建设策略

(1) 广泛拓展青少年篮球方面的资金渠道

首先，学校要在政策上给予保障，每年都能拿出一部分资金，用于篮球活动的开展专项上，保障青少年篮球运动的顺利开展；同时，在开展篮球比赛过程中，也要积极拓展资金渠道，广泛地吸纳社会上的资金，来资助篮球活动的开展。

(2) 加强基础设施建设与管理

加强学校体育场馆设施的建设，让青少年篮球运动有一定的开展平台，也为青少年篮球文化的发展创造了有利条件，为学校篮球运动的开展奠定坚实的物质基础。除此之外，还要进一步加强篮球设施、器材的管理维护。具体来说，就是要改革篮球设施的管理模式，这是非常关键的一点，这样能够为青少年参与篮球运动锻炼提供相应的便利，同时也为青少年篮球文化的发展创造良好的条件。

3. 制度层面建设策略

(1) 完善篮球规章制度与相关政策

为了改善青少年篮球活动，需要健全相关的保障、法规和条例，确保青少年篮球运动的安全正常进行，并保证篮球比赛的多样化和全面性。应建立相关的机构，如篮球协会、篮球俱乐部，或以班级、系别为团体的篮球组织机构，丰富课余篮球活动，增加校内和校际篮球比赛，激发青少年的集体荣誉感。

(2) 规范校园篮球管理制度

规范的制度对青少年篮球运动的发展起促进作用。在青少年篮球管理制度中，应将篮球专业练习与普通体育教学活动分离开来，建立专业的篮球培训体系，使其进行规范化的管理，这样能够有效提升青少年的篮球运动水平，同时确保基础运动水平不受影响。

4. 其他方面建设策略

(1) 丰富和充实篮球课程内容与教学方式

在建立科学的篮球教学模式的同时，还要有效整合教学资源，推进篮球教学改革，将篮球精品课程建立起来。现在的青少年篮球课程中必须增添新颖的内容，这样才能符合社会发展需求，使青少年的需求得到满足，对于青少年学习兴趣的激发也有积极影响，比如，街球篮球、花式篮球等都是可以增添到篮球文化内容中的重要方面。

另外，在教学方式上，要采用多媒体教学等更为先进的教学模式，通过多媒体的应用，来有效推动青少年对篮球运动及其发展的全面及深入了解和认识。同时，趣味性较强的篮球游戏也是青少年篮球的重要教学方式之一，对于学习兴趣的提升有所帮助。

（2）建立标准的、有传承性的篮球比赛

作为青少年篮球运动的重要组成部分，篮球比赛对青少年篮球运动的推广及篮球文化建设水平的提升都是有积极影响的。通过比赛的组织，能使青少年的篮球水平得到有效提升，举办学校之间的标准化篮球联赛，可以让篮球运动在学生的竞争过程中展现更大的魅力，提高学校对篮球文化的认可度，增强学校篮球运动文化的整体氛围。

（3）开展篮球文化周，创办篮球论坛

学校可以选择一个固定的时间开展以篮球为主题的文化周活动，其间可以举办篮球比赛、篮球花样表演、篮球裁判培训讲座、篮球学术交流和相关艺术展览，邀请篮球明星和学生进行交流等活动。这样可以进一步激发青少年对篮球的热情，加深对篮球的了解和认识，促进养成篮球运动的习惯。

（四）青少年篮球社区文化建设研究

1. 青少年篮球社区文化建设的现实性和重要性

（1）篮球运动特点决定了其能在社区广泛开展

与足球相比，篮球运动对场地面积的要求较小，对室内环境的要求也不如羽毛球高，对装备的投入也较低。此外，篮球运动对人数的限制也较少，一个人可以进行投篮练习，两个人可以单打，四个人可以进行半场比赛。因此，篮球运动在社区中的开展通常是最广泛的。

（2）篮球运动对于青少年成长意义重大

社区是青少年进行体育锻炼的重要场所，而篮球是青少年热衷于选择的重要项目。究其原因，包括全球范围内篮球运动的广泛普及和影响力，以及篮球运动对青少年身心健康的促进作用。此外，篮球运动强调团队配合和协作精神，青少年通过参与篮球运动，可以学习如何与人相处，领悟到团队合作的力量，为其未来的社会交往打下基础。在完善青少年人格品质方面，篮球运动也是社区体育运动中不可或缺的重要项目之一。

(3) 篮球运动能够更好地带动其他项目的开展

作为当前世界的主流体育项目，篮球运动拥有广泛的群众基础。当人们被篮球运动吸引时，他们也会对其他体育项目产生更多的兴趣，例如，网球、排球和羽毛球等。通过篮球运动的推动，其他体育项目在社区中得以逐渐开展，同时也为倡导终身体育做出了积极努力。

(4) 青少年篮球社区文化建设可以融合各年龄段人群

为了促进篮球文化在社区的发展，需要针对不同年龄段和发展水平的社区居民开展有针对性的活动。这样可以促进各个年龄段和不同形式的篮球活动相互融合、相互互动，使得社区文化建设中的多个年龄群体都能参与其中，从而形成篮球文化与社区文化之间的良性互动。通过融合不同元素，打造内容丰富、独具特色的社区篮球活动，有助于社区居民提升个人素质、发展人际关系、激发内在活力，丰富他们的业余文化生活。

2. 青少年篮球社区文化建设的策略

(1) 坚持以人为本

在青少年篮球社区文化建设中，篮球活动组织要注重以人为核心，构建篮球文化。篮球文化的参与主体应具备明确的指导方向，以全面发展个人和社会和谐进步为篮球运动发展的根本目标，体现以人为本的发展理念。针对青少年群体组织比赛既要有一定的对抗性，还要注意比赛的趣味性，能够激发青少年进行篮球运动的积极性。另外，由于社区居民文化具有明显的自娱性，青少年篮球社区文化建设中也要注意自娱性，使包括青少年在内的社区居民能积极参加各种文化活动，以满足精神上的愉悦，心态得以调整，并从中体验成功，树立自信，陶冶道德情操，提高审美情趣。

(2) 在组织方式上符合社区居民活动特点

由于社区内居民结构的复杂性和多样性，他们对文化的需求各不相同。为了满足青少年篮球社区文化的需求，我们需要立足于社区，为广大居民提供多元化的活动内容。这些活动要将文化、体育、教育、科普、卫生和社区服务融为一体，以灵活多样、多渠道的形式满足不同层次居民的文化需求。在社区篮球文化活动中，没有固定的模式，场地条件可以适当放宽，根据具体需求进行组织。参与活动的方式也可以多样化，既可以参加由有关部门、街道和社区组织的大型活动，也可以在群众自发开展的小型文体活动中进行。这种灵活性使得活动不受雅俗和规模的限制，更能适应不同居民的特点和需求。

（3）社区篮球文化建设的影响范围不限于青少年

社区篮球文化作为社区文化的重要组成部分，旨在面向全体社区居民，从青少年活动延伸到全体居民的参与范围。这种文化的扩展不仅涵盖了家庭和楼院层面，还延伸到整个小区和街道层面，从群体文化推进至社区文化的层面。社区篮球文化以多元化的形式出现，包括多种知识学习、兴趣社团、志愿活动和便民服务等方面，使得它对每个人、每个家庭、楼院、企业和学校都具有一定的影响力。特别是青少年通过参与社区篮球文化活动，可以获得专业训练，并掌握一门特长技能。当社区居民积极参与社区篮球文化活动时，可以间接宣传篮球运动对人们身体健康的重要意义，从而鼓励更多人加入篮球甚至体育锻炼的行列，丰富社区的健身文化。同时，在社区篮球文化的建设过程中，应特别关注篮球场地设施的完善，以确保居民在日常锻炼中有合适的场地可用。这样，更多居民将有机会进行体育锻炼，使社区篮球运动真正融入每个家庭和社区居民的生活中。

第三章　青少年篮球技术教学与训练

技术是篮球运动的重要组成部分，是运动实践的重要内容之一，在篮球运动中，技术的掌握程度和运用水平，在一定程度上决定着篮球运动的整体水平和比赛的胜负。对于青少年篮球来说，技术是需要学习和掌握的基础性实践技能，需要经过长期的训练，以此为战术的学习奠定基础。本章主要介绍了篮球技术的概念、青少年篮球技术教学训练的内容、青少年篮球技术教学训练的原则与方法三个方面的内容。

第一节　篮球技术的概况

一、篮球技术的概念

（一）从动作方法方面理解篮球技术的概念

就动作方法而言，篮球技术是指运动员在篮球比赛中为了进攻和防守而采用的专门动作方法的总称。它主要涵盖了无球动作方法（如奔跑、跳跃、急停和转身等），控球动作方法（如接球、传球、运球和投篮等）及争夺球的动作方法（如抢断、争球、抢篮板等），以及这些动作的组合形成的各种动作体系。

篮球技术在动作方法上具有专门性和合理性。具体原因如下：

第一，篮球技术与篮球竞赛规则的要求相符。

第二，篮球技术对攻守对抗的需要具有适应性。

第三，篮球技术与人体运动的科学原理相符，篮球运动员的个人特点也能够在篮球技术中充分体现出来。

第四，在篮球比赛中，攻守对抗的具体任务能够通过篮球技术得到解决。

篮球运动员的移动动作、控制支配球动作和争夺球动作，以及这些动作组合而成的动作体系是篮球技术专门性与合理性的具体表现。

（二）从实际运用方面理解篮球技术的概念

从实际运用的角度来看，篮球技术是指运动员在比赛中准确运用专门动作的能力。它不仅仅是动作模式的重复，更是运动员有意识的运动行为和操作技巧。因此，在篮球比赛中，运动员必须独立果断地运用技术动作与队友进行配合，争取主动地争取时间和空间与对手进行对抗。

运动员的智能、体能、技能、经验和创造能力等各个方面都能在这一技术运用中得到充分的体现，其运用专门动作的技巧性和实效性同样被反映出来。

二、篮球技术的特点

（一）随机应变

动作环节的相对稳定是任何运动技术都具有的重要特点，篮球技术也不例外。但是，事物都是受到外界环境的影响而不断发展变化的，所以篮球技术也要随着环境的变化而变化。因此，面对实际环境和对手等方面的变化，运动员就要具备及时做出应答动作的开放性技能和应变能力，以应对突如其来的各种变化。此外，在攻守对抗中，运动员只有在各种不同的条件下灵活地将稳定的动作技术和随机应变组合起来，才能更好地完成攻守任务。

（二）人球合一

篮球运动员用手直接控制与支配篮球是篮球技术中最为明显的的特点。运动员在充分运用手的同时，还要配合全身运动。运动员在用手部动作控制、支配与争夺球的同时，身体动作也参与其中，达到人球合一，这正是篮球技术的魅力所在。

（三）规范差异结合

篮球运动技术有一定的规范性，但是每个篮球队员的风格和特点等都是不同的，所以他们所表现出来的动作也是不同的。因此，篮球技术的学习不仅要遵循规范性和规律性，而且还要注重球员个体的差异性，不能一味地强求动作外形的模式，而忽视实效性。

三、篮球技术的分类

常用的篮球技术分类方法主要有两种，即根据动作的结构分类和按攻守目的分类，主要内容如下。

（一）根据动作结构进行分类

根据动作结构进行分类的方法主要是根据动作的运动学和动力学结构的相似特点进行分类，形成了系统化的篮球技术分类网络（图 3–1–1），这也是自篮球运动发明以来一直沿用的分类方法。

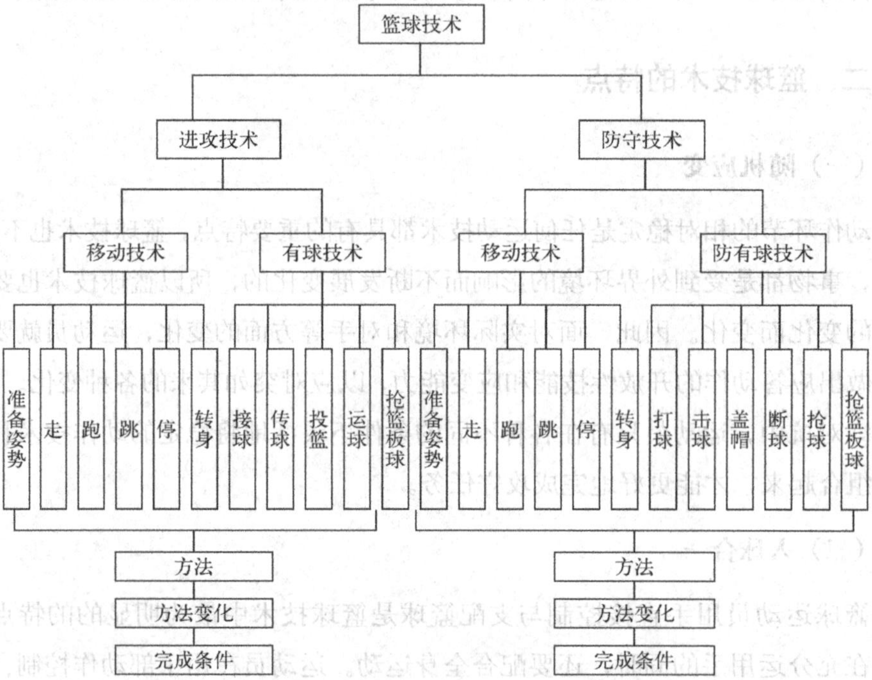

图 3–1–1 篮球技术分类网络图

后来，通过不断的研究和实践的证明，这种方法又得到了进一步的完善和发展，形成了新的分类体系。虽然这一分类体系并不完善，还有许多地方需要进一步的改进，但在我国已经被认可和应用，并且取得了较为理想的运用效果。

（二）根据攻守目的进行分类

根据进攻和防守目的进行分类的方法是在各种动作的基础上，根据解决进攻和防守的具体任务的需要，将两个或两个以上的动作组合成系列单元进行分类。在 20 世纪 50 年代的美国篮球教学书中，已经将进攻队员和防守队员的个人动作作为篮球比赛基础中的重要内容，并将其作为分类的一个重要层次。

随着数十年的运动实践，变幻组合的出现越来越频繁，其实用价值逐渐受到广泛的重视。人们通过不断总结和丰富组合的内容，并将其纳入教学和训练中。随后提出的篮球组合技术理论是以竞技实践为基础，对篮球技术进行分类的一次探索，其中列出的组合技术分类仍需要进一步充实和完善，但这也是我国在篮球技术分类方面的一次突破（图 3–1–2）。

随着数十年的运动实践，变幻组合的出现越来越频繁，其实用价值逐渐受到广泛的重视。人们通过不断总结和丰富组合的内容，并将其纳入教学和训练中。随后提出的篮球组合技术理论是以竞技实践为基础，对篮球技术进行分类的一次探索，其中列出的组合技术分类仍需要进一步充实和完善，但这也是我国在篮球技术分类方面的一次突破（图 3–1–2）。

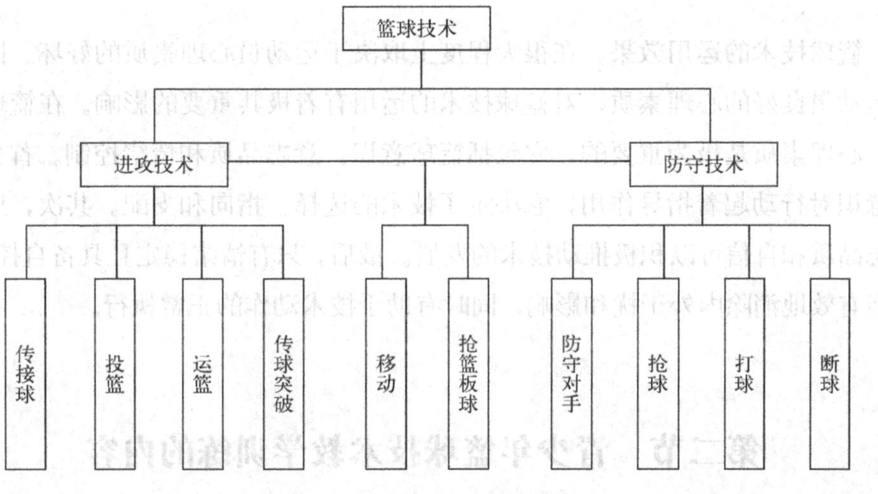

图 3–1–2　篮球技术新分类体系

四、篮球技术的运用要点

篮球技术是在动态、破坏、干扰和应变等情况下完成的动作。在运用过程中，它没有固定的动作组合程序，只需要最大限度地适应比赛中的变化需求，随着环境的变化进行合理的动作组合，以完成具体的进攻和防守任务。运动实践表明，篮球运动员的技术运用好坏主要取决于以下三个方面。

（一）掌握规范的技术动作

在篮球比赛中，要想使篮球技术在比赛中发挥出应有的作用，就必须做到全面、快速、准确、应变、智谋、意识、实用。同时，只有规范、熟练地掌握每个技术技术，然后再将这些技术有机地组合起来综合运用，才能够在比赛中灵活应对各种复杂多变的情况。只有对所有的篮球技术动作有较高的要求，刻苦训练，才能够使所学的组合技术更好地运用到实践中。

（二）拥有良好的身体素质

运动员想要更好地掌握和运用篮球技术，就必须拥有坚实的身体素质，只有这样，才能在篮球比赛中取得较为理想的效果。由此可以看出，良好的身体素质是运动员运用篮球技术的有力保证。

（三）培养良好的心理素质

篮球技术的运用效果，在很大程度上取决于运动员心理素质的好坏。因此培养运动员良好的心理素质，对篮球技术的运用有着极其重要的影响。在篮球运动中，心理素质是极为重要的，它包括篮球意识、意志品质和情绪控制。首先，篮球意识对行动起着指导作用，它决定了技术的选择、指向和支配。其次，坚定的意志品质和自信可以积极推动技术的发展。最后，只有情绪稳定且具备自控能力，才能有效地消除内外干扰和影响，同时有助于技术动作的正常执行。

第二节　青少年篮球技术教学训练的内容

一、移动技术

（一）基本的移动技术动作

1. 准备姿势

准备姿势是队员在场上所采用的屈膝降重心的攻防准备动作。具体做法是屈膝开立，两眼注视场上情况，手脚配合控制身体的平衡。

2. 起步

起动时，降低重心，上体前倾，两臂屈肘自然垂于体侧，后脚或异侧脚的前脚掌用力蹬地，快速摆臂起动，如图 3-2-1 所示。

图 3-2-1 起步动作

3. 跑

篮球运动中的跑有很多种，下面主要介绍侧身跑、变速跑、变向跑和后退跑。

（1）侧身跑。侧身跑时，脚尖要对准跑动方向，头和上体转向球的方向，以便观察场上情况。

（2）变速跑。变速跑是利用速度变化完成攻守任务的一种方法。

（3）变向跑。变向跑是利用方向的变化完成攻守任务的一种方法。以从右向左变向为例，运动员应在最后一步时用右脚前脚掌内侧用力蹬地，同时脚尖稍内扣，迅速屈膝，腰部随之左转，上体向左前倾，移重心，左脚向左前方跨出，然后加速前进（如图 3-2-2）

图 3-2-2 变向跑

（4）后退跑。后退跑时，用两脚的前脚掌交替蹬地向后跑动，同时上身放松挺直，两臂屈肘配合摆动，保持身体平衡，两眼平视，对场上情况进行观察。

4. 跳

（1）双脚跳。两脚开立，与肩同宽，屈膝降重心。起跳时，两脚用力蹬地，两臂用力上摆，使身体腾起在空中，并保持平衡伸展。落地时，屈膝缓冲，控制身体重心，快速地和其他动作衔接起来。

（2）单脚跳。起跳时，起跳腿迅速屈膝，从脚跟着地迅速过渡到前脚掌用力点地，同时腰胯用力上提，两臂用力上摆，另一腿屈膝上抬，加快起跳速度。当身体腾起到空中高点时，两腿自然伸直并拢，身体伸展。落地时双腿屈膝缓冲，控制好身体，使身体保持平衡。

5. 急停

（1）跨步急停。快速移动中的急停，首先跨出一大步，上体稍后仰，减缓前冲力；然后跨第二步，在保持身体平衡的情况下，用前脚掌内侧着地，脚尖内扣，身体侧转微前倾，两臂自然弯曲，微张（图 3–2–3）。

图 3–2–3 跨步急停

（2）跳步急停。运动员在中速和慢速移动中，用单脚或双脚起跳，上体稍后仰，两脚同时落地，前脚掌用力抵地，屈膝降重心，两臂屈肘微张，保持好身体平衡（图 3–2–4）。

图 3–2–4 跳步急停

6. 转身

（1）前转身。以右脚为中心脚进行转身时，应向中心脚的前方迈出一步，同时将重心移到中心脚上，并以中心脚的前脚掌为支点用力着地，通过肩部和腹部的积极扭转带动上半身的旋转。转身后，应屈膝降低重心，控制身体的平衡。

（2）后转身。以左脚为中心脚进行转身时，应向中心脚的后方迈出一步，同时将重心移到中心脚上，并以中心脚的前脚掌为支点用力着地，同时身体的重心向后移动，上半身和腹部朝转身方向扭转，以保持身体的平衡。

7. 步法

篮球运动中的步法包括跨步、滑步、后撤步、绕前步、攻击步等，下面主要介绍跨步和滑步。

（1）跨步

异侧步跨步：在进行左右转身时，应将两腿弯曲，左脚为支点用力着地，右脚向左前方迈出一步，落地时脚尖朝前，将重心转移到左脚上，上半身稍微向左转，右肩前倾，保持与移动方向地对准。

同侧步跨步：在进行左右转身时，应将两腿弯曲，右脚为支点用力着地，左脚向右前方迈出一步，将重心转移到右脚上，脚尖朝前，上半身稍微向右转。

（2）滑步

①前滑步：在执行前滑步时，双脚前后分开，前脚向前迈出小步，同时后脚内侧的前脚掌用力向前滑动，保持身体低重心的姿势。

②后滑步：与前滑步相同，方向相反。

③侧横滑步：身体重心要保持水平，不要上下起伏，要随时调整重心，使身体保持平衡。动作结束时，恢复原来的身体姿势，并以攻守情况为依据，迅速转换到下一个动作，如图 3–2–5 所示。

图 3–2–5 侧横滑步

（二）移动技术常犯错误及注意事项

1. 常犯错误

移动技术教与学中有以下 7 个常犯的错误：

（1）基本站立姿势或起动时，前步幅过大、身体重心偏高，不便于迅速蹬地。

（2）转身时，身体重心上下起伏，中枢脚未用前脚掌碾地和旋转。

（3）撤步时，后撤脚的角度过大，失去后撤步抢位堵截的作用。

（4）侧身跑时，上体转体不够，侧转时内倾不够，跑步时脚尖方向不是朝向前方。

（5）滑步时，两脚并步，形成跳动移动，重心过高，滑步时重心上下起伏。

（6）变向跑时，前脚掌内侧不主动用力，腰胯动作未协调用力。

（7）急停时，身体重心过高，腰胯部用力不够或是过于紧张，缺少用力蹬地和控制身体重心的动作。

2. 注意事项

作为攻防技术的基础，移动技术运用得是否合理，对完成攻防任务有着至关重要的作用。在移动技术的使用过程中，需要注意以下 3 点：

（1）针对篮球运动的特点和规律，我们应该充分发挥移动技术的基础功能，合理地组合各种移动动作技术，善于处理移动技术与其他技术之间的关系，以有效提高移动技术的运用能力。

（2）在运用移动技术时，我们应明确运用该技术的目的，提高自己的应变能力。在激烈的篮球对抗比赛中，运动员应通过敏锐的观察和准确的判断，灵活地组合各种移动技术，以争取时间和空间上的优势，做到快慢结合、静中有动、动中有静、真假结合。这就是移动技术运用的目的。

（3）在使用移步法时需要掌握好身体平衡及调整重心，这是关键所在。与此同时，需要密切关注篮球比赛场上瞬息万变的局势，持续维持身形协调和平衡状态以增强自身的灵活性和适应性。

（三）移动技术的教学与训练

1. 教学与训练的建议

（1）教师讲解突出重点和示范正确

教师传授移动技术时，内容要通俗易懂，给学生讲解完整的动作要领。①教学重点。重点是降低身体重心和用力蹬地。②难点。蹬地的同时，腿的蹬伸与腰、髋的动作协调配合，控制好身体，以获得理想的起动、起跳、旋转和制动等位移变化。

（2）采用合理的组织教法和教学手段

为了提高学生的兴趣和练习积极性，可以多利用标志、障碍物结合攻防进行练习。一般按起动、跑、急停、转身、跨步或滑步、跳的顺序分别组合进行，并结合攻防，适当采用游戏和比赛。

（3）合理安排练习的项目

为了让学生容易消化掉练习，建议在每一堂授课中设定一到两个合适的训练性活动即可，训练次数不宜过多。

考虑到上述这些原因可能会削弱学生的学习动力和热情，教师应特别针对以上问题施以教导，努力将授课变得丰富多样、吸引并激发学生主动学习的精神与热情。例如，滑步技术的教学在学生能基本掌握动作技术的基础上，可设计采用横滑步技术设 5m 距离计时往返练习的比赛。

2. 教学与训练的练习方法

（1）集体进行基本站立姿势及各种移动练习，可边讲边练，讲练结合。

（2）集体在基本站立姿势下，听教师口令或看教师手势进行各种移动练习。

（3）两人一攻一守结合实际练习，进一步巩固提高动作质量。

（4）利用篮球场上各种标志进行移动练习，要求学生注意观察场上情况。

（5）利用各种障碍物进行移动练习，要求学生注意观察，合理运用。

（6）抛接球练习，持球向前上方抛起后，快速起动，接球急停转身将球传回，依次进行。

（7）教学可按起动、跑、急停、转身、跨步或滑步、跳的顺序分别组合进行，并结合攻防技术，适当采用游戏和比赛。

二、运球技术

运球是指持球者在原地或者移动中用单手不断拍球，使球通过地面的反弹，弹回球员手中的连续过程。在篮球比赛中，运球是控制、支配球权，组织全队进攻，突破对手防线的必要技术。基本的运球技术包括高运球、低运球、胯下运球、运球转身、背后运球、运球急停急起和体前变向运球等。

（一）基本的运球技术

1. 高运球

高运球时，微屈两腿，稍向前倾斜上体，两眼注视前方，将肘关节作为弯曲轴，自然伸屈前臂，用手腕与手指在球的后上方按拍，拍按时动作要柔和而有力。球的落点控制在运球手臂的同侧脚的外侧前方，这样球的反弹就会在胸腹之间。在高运球时，运动员推按球要用力，手脚配合要具有一定的协调性，如图 3-2-6 所示。

图 3-2-6 高运球

2. 低运球

运球时，两腿应迅速弯曲，重心下降，上体前倾，球的落点在体侧，用上体和腿保护球。同时，用手腕和手指短促地按拍球的后上方，使球控制在膝关节的高度。在低运球时，运动员的重心要有所降低，目视前方，并保护好球，如图 3-2-7 所示。

图 3-2-7 低运球

3. 胯下运球

以右手运球为例。变向时，左脚在前，右手拍按球的右侧上方，将球从两腿之间运至身体左侧，然后上右脚，换手运球，加速前进。运动员进行胯下运球时，球的击地点和动作的连贯性、协调性是非常重要的，要加以注意。

4. 运球转身

以右手为例，在快速移动左脚、稍微弯曲膝盖的同时，把重心转移到左脚。同时，利用左脚的脚尖作为中心点进行转动，向后转动手接球的位置并将它放在身体的侧面；再换成左手控球以增加速度来突破防守，如图 3-2-8 所示。

图 3-2-8 运球转身

5. 背后运球

当防守者堵截运球一侧且距离较近，无法采用体前变向运球时，可采用从背后突然改变运球方向突破防守的运球方法，即背后运球。以右手运球为例，当球运至防守者左侧时，右脚在前，右手将球拉到身体右侧后，迅速转腕按拍球的右后方。在左脚上步的同时，将球从身后拍至左侧前方，换左手加速运球超越对手。

6. 运球急停急起

快速运球中使用突然急停时，应该采用两步急停，快速地使身体重心自然地降低，手按身体重心拍球的前上部，使球停止向前运行。运球急起时，用力后蹬两脚，快速向前倾斜上体，起动要快速，同时，在球的后上部按拍球，人与球一起迅速向前走。在运球急停急起时，运动员应降低重心，合理控制球，上体前倾，如图 3–2–9 所示。

图 3–2–9　运球急停急起

（二）运球技术常犯错误及注意事项

1. 运球常犯的错误

（1）带球跑。未能明确掌握带着篮球跑步的理念，或者在配合其他步伐运用不当的情况下导致把篮球抬得过高了。

（2）掌心触球（拍球时有声响）。手型不正确，没有呈半球形，没有用第一指节触及球；手没有主动迎接从地面反弹起来的球，对球的反弹力的缓冲做得不到位。

（3）两次运球。手接触球的部位不正确，停止运球时没有接稳球；双手运球。

（4）在移动或者传球途中低下头去看篮球，是因为控制不住球或是降低重心时只弯腰、不屈膝。

（5）运球时脚踢球。对球的控制力不足，球的落点不好；注意力不集中。

2. 运球技术的注意事项

（1）运球的基本动作。在进行篮球运球时，使用手指而不是手掌来控制球的运动。运球的高度最好不超过腰部，这样可以增加对球的控制力，并提高变速的灵活性。同时，双膝微屈，重心稍稍前移，可以更好地控制球的位置，也可以更快地进行变速。对于不参与运球的手臂，应该弯曲肘部并向外伸，握紧拳头收缩手臂肌肉，以保持平衡，同时也可以干扰对手的进攻。在运球时，手腕应该放松，使用向下按压的动作拍打球，而不是使用抽打的动作，这样能够更好地控制球的运动，提高运球的效率和成功率。

（2）在篮球运球的教学中，应该注重培养学生的基本功，提高他们控制和支配球的能力。最初的训练应该从原地运球开始，直到学生能够熟练地掌握运球技巧。在掌握原地运球后，学生可以逐渐开始进行走动运球练习。此时，应该先注重运球技术的掌握，而不是过多考虑自己的移动速度。一旦学生掌握了走动运球的技巧，就可以逐渐增加移动速度，直到完全掌握全速运球的技巧。

（3）在运球技术的教学中，要以严谨的态度来培养学生良好的习惯。首先，学生应该养成目视前方、屈膝的习惯，同时观察场上的习惯。一旦学生初步掌握了基本的运球动作，就开始要求他们抬头运球，通过手的感觉来控制球，并时刻注意观察场上的情况。这样做是为了培养学生抬头的习惯，以及时发现队友的位置和创造投篮机会。如果学生在运球时只顾低头盯着球，就很容易被对手抢断，而且无法注意到场上有利位置的队友，甚至错过了容易投篮的机会。

（4）在运球技术的教学训练中，要特别注重关键要素，并结合各种辅助性练习，以提高学生的球感和脚步动作的迅捷与灵活性，尤其需要着重培养那些运球技术较差的球员。

（5）在加强防守的训练中，要从消极防守逐步过渡到积极防守，通过不断加强对抗的训练，提高学生的应变能力。

（6）为了提高学生的综合篮球技能，必须将运球与传接球、突破、投篮及抢篮板球等技术相结合，并在战术训练中注重培养学生的运球战术意识，掌握运球时机的把握，避免滥用运球，训练学生在运球过程中的传接球技巧。

三、传球与接球技术

传球与接球技术是指进攻队员之间有针对性地转移球和支配球的方法。传、接球的质量会对球队整体的战术执行产生决定性作用，能进一步影响全队的节奏与效率，甚至会对比赛的最终结果产生影响。

（一）传球技术

传球是一项非常重要的技术，它主要分为两种类型：双手传球和单手传球。

此外，还可以根据传球时的状态分为原地传球、行进传球和跳起传球。根据出球方向的不同，传球也可以分为前后、左右和上下等不同的类型。尽管传球的方式很多，但无论是哪种方式，都需要全身协调发力，最后通过手腕、手指动作来完成。中、近距离传球是最常用的传球方式之一，它主要依靠前臂、手腕和手指将球传出。其中，手腕和手指的用力是传球中最关键的动作。传球的手法是指在球出手的瞬间，手腕和手指对球的飞行方向、速度和路线等进行控制，通过手腕的翻转、前屈和手指的拨动来实现。下面介绍 3 种常见的传球方法。

1. 单手肩上传球

单手肩上传球是指传球前单手持球于肩上，出手时单手将球传出的一种传球方法，是传球中最基本的传球方法之一。这种方法比较适合力量大、远距离的传球，在抢到后场篮板球发动长传快攻时经常使用。这种传球方式重点在于肩关节充分外展，传球时，肘关节领先，挥臂扣腕动作要连贯，如图 3–2–10 所示。

图 3–2–10　单手肩上传球

2. 双手头上传球

双手手指尖朝上，从球侧面持球于头顶，肘部微屈，向传球方向跨步同时手腕后转，球移至脑后，将球向前抛出，手腕下转发力，做好随球动作。

3. 双手胸前传球

传球前，双手持球于胸腹间，两肘自然弯曲于体侧，呈基本站姿，眼要与传球的目标方向平视。传球时，猛蹬后脚发力，前移重心，前伸两臂，旋转两手腕朝向内侧，用力下压拇指，迅速用食指与中指拨球，快速传球，如图 3–2–11 所示。

图 3-2-11 双手胸前传球

（二）接球技术

接球有单手和双手接球两种，但不论哪一种，接球时眼睛都要注视来球，肩臂都要放松，手臂要伸出迎接，手指自然分开。当手指触及球的一瞬间，要及时屈肘，手臂后引，以便缓冲来球的力量。要把接球技术完成好，必须重点掌握迎球、缓冲、衔接三个环节。

1. 单手接球

以右手接球为例。在接球时，首先要根据球的来球方向迈出右脚。接球时，右臂微微屈曲，手掌将保持勺形姿势，手指自然分开，右臂向来球的方向伸展。一旦手指与球接触，我们要顺势将球往后下引，同时左手迅速握住球。通过双手合力，将球稳定地握于胸腹之间，保持基本的持球姿势，如图 3-2-12 所示。

图 3-2-12 单手接球

2. 双手接球

接球前，目视来球方向，自然分开手指，保持两拇指呈“八”字形姿势，两手保持半圆形动作。接来球前，伸展双臂主动迎球，放松肩、臂腕和指。双手接球时，先用指端与球接触，同时随球后移两臂，目的是缓冲来球的力量，准备做下一步的动作（图 3–2–13）。

图 3–2–13　双手接球

（三）传、接球技术常犯错误及注意事项

1. 传、接球常犯的错误

（1）双手胸前传球常犯错误。

①传球方向和落点不好。这主要是因为持球时手型不正确，手心没有离球，握球过紧，影响了手腕和手指的发力。

②传球时两臂用力，不能做到协调一致，身体动作和传球动作不够协调。站立姿势不正确、身体过分紧张及习惯性地使用强手传球，是出现这种情况的主要原因。

③传球动作不连贯，传球时将球推出手。出现这种状况的主要原因是，错误地理解传球技术为翻腕和推球，从而引起整个动作脱节，出球部位太高，肘关节外翻，食指、中指指尖拨不上球，导致将球推出手。

（2）单手肩上传球常犯错误。

①传球时上肢和下肢的用力不协调。只用手臂发力，而下肢发力和上肢的用力顺序运用不正确，是造成传球时用力不协调的重要原因。

②传球方向掌握不好。传球时手腕前屈动作不正确，没有对准传球方向，而是向内（外）旋压或出手时间过早或过晚，都是造成传球方向掌握不准的重要原因。

③传球动作类似推铅球。持球时，肘关节下垂过低及挥臂传球时肘未领先，

是造成这种现象的重要原因。

（3）单手体侧传球易犯错误。

①用力不正确，身体协调配合不够好。②出球时离身体太近。

（3）双手接球易犯错误。

①漏接球（球从两手之间穿过）。手型不正确，两手掌平行伸出，两拇指未形成“八”字形，是造成漏接球的主要原因。

②伸手迎球时手指向着来球方向，造成手指挫伤。

③持球不稳（易漏接）。接球时迎球、缓冲动作太慢或未及时伸出迎球，致使无缓冲动作，是接球不稳的主要原因。

2．传、接球的注意事项

（1）传球注意事项。

①除了指导学生正确执行标准动作外，我们还应该注意提升学生的观察力、决策力和理解隐藏的传球意图的能力和技巧；同时，也要加强运用各种假动作及其他个性化战术，以增强其传球技术的训练。

②应根据学生的实际情况对传接球的训练方法进行科学合理的安排，并在训练中注意培养学生之间互相默契配合的意识。

③在教学过程中要狠抓传球手法，先教传平直球的用力手法，再教传折线球的用力手法，最后教传高吊球（弧线球）的用力手法，并以三种传球路线交替进行练习。对动作规范和要领进行严格要求，促使学生形成正确的传球手法，为掌握多样化的传球方式打好基础。

④在传授传球技巧时需特别关注学生掌握正确接球的手法，同时需要让学生逐渐培养起接发即等同于发起新攻势动作的习惯。

（2）接球中的注意事项。

①在遵守本队伍的战术要求之内时，积极地往前或者领先的位置去接到球，然后找到一个最适合接球的地点。

②需要根据队友传递的信号及明确的地点（尤其是内线球员），这样可以为队友提供更多的安全保障。

③接球的同时要尽快地与下一步的进攻动作衔接好。

④接球的瞬间要利用来球的惯性，使球“黏”在手上。

（四）传、接球教学与训练的建议

（1）在教授传球和接篮球的时候应该以持球动作为基础，先教接球技能，然后再教传球技能，要把两项技能的授课和培训结合在一起。必须让学生精通最为基本并广泛运用的传接球技巧，这样才能更好地理解并且提高其他的传接球方法。

（2）在进行各种传、接球技术培训时应该从原地开始，并着重于姿势的纠正及练习。熟练掌握正确的动作后，再进行移步传、接球等技术的教授和训练，主要关注如何将传球和接球技巧完美地融入步伐之中。根据之前的练习内容不断加强基础技能后，还需要结合其他技术和在有对抗条件下的训练，从而磨炼实战应用能力并提高实际运用水平。

（3）在教学过程中要狠抓传球的手法，对动作规范、要领要严格要求，为掌握复杂而多样化的传球方法打好基础。

（4）在教学过程中先教传平直球的用力手法，再教传折线球的用力手法，最后教传高吊球（弧线球）的用力手法，并以三种传球路线交替进行练习，促进传球的正确手法的形成。

（5）在传授篮球技巧过程中，应该充分注意教授正确掌握球的方法和训练正确的接球手法，养成接球结束就是传球或其他进攻动作开始的习惯。

（6）传球的训练过程中，要结合队员的身体、技术和位置的实际情况，逐步形成个人传球的特点。

（7）传、接球的练习方法要从学生的实际情况出发。在训练中要严格要求，使学生把技术练活，提高学生在实战中的应变能力。

（8）教导学生时，必须准确评价他们掌握的技能操作，明确优势、缺失及其成因，同时运用协助正确技术动作的练习方法和训练策略，等等。

四、持球突破技术

持球突破是运动员在有球状态下通过脚步移动、运球等技术的组合运用，突破对方防守的进攻技术。持球的主要环节是蹬跨、转体探肩、推按球和加速。下面主要介绍两种原地持球突破技术。

（一）原地持球交叉步突破

以右脚做中枢脚从防守队员右侧突破为例。两脚左右开立，两膝微屈，降低身体的重心，持球于胸腹之间。进行突破时，右脚向右侧前方迈出一小步，将防守者引向自己右侧的同时，用右脚前掌内侧快速蹬地，向左侧前方跨出一大步，上体稍微向左转，右肩向前下压，身体的重心向左前方移动，将球推引到身体的左侧，用左手推按球于右脚左侧前方，接着左脚蹬地加速超越对手，如图 3–2–14 所示。

图 3–2–14 原地持球交叉步突破

（二）原地持球同侧步突破

以左脚为中枢脚为例，准备姿势和突破前的动作要求同交叉步一样。突破时，向右前方将右脚跨出一步，身体向右转并探肩，前移重心，用右手运球，迅速将左脚前脚掌蹬地，并向右前方跨出左脚，突破防守，如图 3–2–15 所示。

图 3–2–15　原地持球同侧步突破

五、投篮技术

在篮球运动中，进攻一方将球扔出，使球从篮圈上方掉入篮筐的一切动作方法都可称之为投篮。投篮是得分的唯一手段，所以投篮技术是篮球技术训练的核心内容。投篮的动作方法有很多，可分为单手投篮和双手投篮、原地投篮和急行跳投等技术，下面主要对其中的一些常见的投篮动作方法进行介绍。

（一）单手投篮

1. 原地单手肩上投篮

以右手投篮为例，双脚开立，两膝稍屈，重心落在双脚之间，躯干稍前倾，右手腕外翻，将球托至右肩前上方。手指自然张开，使掌心空出，球的重心落在中指与食指之间。右手在左手的协助下握住球的侧下部，右肘自然下垂，放松手腕。两脚蹬地，右臂前伸，手腕前压，手指将球拨出，用柔和的力气将球投出。出手后，手腕自然放松，手指在惯性下自然下落，如图 3–2–16 所示。

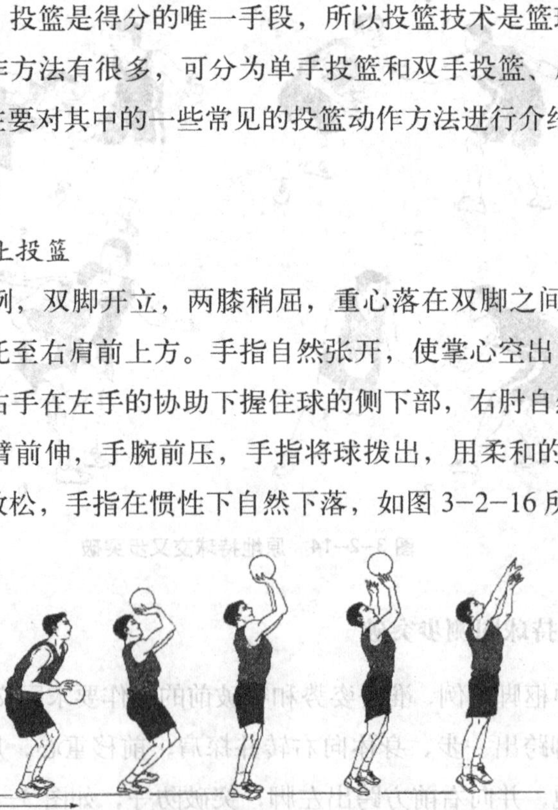

图 3–2–16　原地单手肩上投篮

2. 原地跳起单手肩上投篮

以右手为例，双手握住篮球，将球保持在胸腹之间。确保两脚分开站立，膝盖微屈，重心均匀分布在两脚之间。同时，保持身体挺直，目光专注地注视着篮筐，准备起跳。起跳前脚掌发力蹬地，举球手应快速向上摆臂，并将球举到肩部或头顶位置。与此同时，左手扶球以确保球的保护。跳至最高点或接近最高点时，放松左手的扶持，同时右臂向前上方伸展。用力压腕，使用食指和中指的指尖，在指尖上进行拨球的动作，通过指端拨球，以精确的力量和角度将球投出，如图3–2–17 所示。

图 3–2–17　原地跳起单手肩上投篮

3. 行进间单手肩上投篮

在快速运球或跑动中，右脚向前跨出一大步的同时接球，左脚迅速跟上跨出一小步，同时用全脚掌着地，并迅速过渡到前脚掌起跳，右脚屈膝上抬，两手持球上举至肩上头侧，当身体上升接近最高点时，右臂柔和向上伸展，手腕稍前屈，食、中指用力拨球，将球投出，如图 3–2–18 所示。

图 3–2–18　行进间单手肩上投篮

4. 行进间单手低手投篮

以右手投篮为例，右脚跨出一大步，同时双手将球接住，用身体护住球。左脚跨出一小步，身体制动后用力起跳，在空中展开身体，右臂伸直向篮筐方向把球举起，当球接近篮筐时，用向上挑腕和以食指、中指拨球动作将球投入篮筐。

（二）双手投篮

双手投篮主要对原地双手胸前投篮进行介绍。两脚或左右站立或前后站立，双腿微屈，前脚掌落地，躯干前倾；目光瞄准篮筐，手指自然张开，放在球两侧稍后的部位，两拇指呈“八”字形相对，掌指关节以上部位接触球，持球于胸前。双脚蹬地，身体前倾，手臂向上伸出，两手拇指用力向前推送球，手腕外翻，使球从拇指、食指、中指的指尖投出。

（三）投篮技术常犯错误及注意事项

1. 投篮技术常犯的错误

在投篮技术教学中，常常会犯以下错误：

（1）持球手型不正确，五指没有自然分开，手心未空出，手指端未贴在球上，用手心托球，持球不稳。

（2）肘关节外扩，致使上肢各关节运动方向不在一条直线上。

（3）投篮时肘关节过早前伸，抬肘伸臂不够，缺乏随球跟进动作，出手动作僵硬，导致手臂前推，形成的抛物线偏低。

（4）双手投篮时，两手用力不均匀，伸臂不充分。

（5）急停跳投时，身体重心不稳，造成投篮时上下肢配合不协调，导致动作衔接不连贯。行进间急停时第一步过小，第二步又未能缓冲，造成身体前冲，控制球能力差。

（6）跳起投篮时身体前冲，投篮出手时间过早或过晚，上下肢配合不协调。

2. 注意事项

（1）规范正确的持球方法。以单手持球为例，手腕后压，手掌心向上，五指自然分开，大拇指与食指要纵向张开（俗称“虎口”），以扩大对球的支撑面，固定球，五指指根及以上部位托球，空出手心，肘关节自然下垂，举球于同侧头上或肩的前上方。目视篮圈，屈膝，身体重心下降，收腹、提臀。

技术动作关键：①手指控制球，手心不要触球。②手腕后屈托球，食指、中指对准球篮。③举球于肩或头上时，头部要保持直立，不要后仰。④右手托球手指要自然放松。

（2）所有投篮动作的关键环节都是出手用力的动作。投篮力量起点在于投篮前的基本站立姿势和身体平衡，这是投篮时身体协调的前提。投篮的过程主要表现为以下5个重要方面：①“蹬”，指双脚用力平稳蹬地，身体保持直立；②“伸”，指向投篮出手方向伸展手臂，柔和用力；③“提”，指向投篮出手方向伸展身体，使下肢和躯干、上肢协调配合；④“屈”，指手腕向下压，指向篮圈方向；⑤“拨”，指五个手指协调地向篮圈方向用力，弹拨球，使球正方向下旋。

（3）正确运用球的规律性旋转。球的旋转直接影响投篮命中率。球的不同旋转方向和速度主要取决于腕指的最后用力。投篮出手后，球的旋转都应是向正后方向（下旋）。后旋能增加球的飞行速度，保持合理的飞行弧线，并且在球触及篮板或篮圈后沿时，也有利于向下反弹落入篮圈。如果球不是正下旋转，而是侧旋，则表明投篮时五指拨球的用力不协调。

（4）在教授和练习投篮技巧时需要注意：要基于正确的投篮技术动作的定型来开展；不但要学会摆脱防守等基本技能还要结合其他的技艺如传球、接球、运球及突破等；注重提升学员的应对变化的能力。

（5）在进行篮球技术的教导时，当发现错误动作时，及时指出并纠正，防止错误动作定型。

（6）可以通过篮球战术背景下的练习来培育学生之间的协调合作能力，以及增强他们在投篮技巧方面的应用技能水平；同时，要通过比赛与特殊的训练加强对心理素质的培养以保持较高的投篮命中率。

（四）投篮技术的教学与训练建议

（1）根据各种投篮技术动作的内在要求，按照由浅入深，由易到难的教学原则，投篮技术教学与训练的顺序可以做如下的安排：首先学习原地的双手胸前投篮、单手肩上投篮；接着学习行进间单手肩上投篮、单手低手投篮，跳起单手肩上投篮、急停跳投、转身跳投等。

（2）投篮技术的教学与训练应以原地双手胸前投篮、单手肩上投篮、行进间单手肩上投篮、单手低手投篮，跳起单手肩上投篮、急停跳投为重点，因为这些投篮技术不仅在比赛中运用最广泛，而且也是其他投篮技术动作的基础。

六、防守技术

防守技术是指防守队员为阻挠和破坏对手进攻、合理利用脚步移动、手臂动作和身体优势，积极抢占有利位置以达到控球目的所采用的各种专门动作的总称。个人防守技术是全队防守的基础，防守战术体系的形成，需要有个人防守做保证。

为防守对手而采用的移动步法，是防守技术的基础。一般情况下，防守过程中为保持身体平衡，便于向各个方向移动，以及与其他脚步动作相结合，多采用滑步为主，配合其他脚步移动步法。

防守技术是一项综合的技术动作，具体可以分为防守无球队员和防守有球队员两种。

（一）防无球队员技术

1．防接球

防守无球队员的关键在于不让其顺利接球。一方面，防守队员必须极力限制自己盯防队员的接球，尤其不能让其在限制区内轻松接球；另一方面，当对方接球队员位置不好，不容易接球时，防守者要主动贴身围堵，不让对手把球顺利传给接球队员。防接球时，防守要点是“人球兼顾”，作为防守队员来说，要让自己的盯防对象和球都尽量控制在自己的视线范围之内，同时保持准确的防守姿势，降低重心，做好起动与移动步法的连接，控制身体平衡，站在盯防对象与球之间偏向对手一侧的断球路线上，伸出手臂，形成“球—我—他”的钝角三角形的落位。

2．防切入

防守切入队员，切忌“只看球不看人”，防守要点是“人球兼顾、防人为主”，防守队员不让球和盯防对象远离自己视线。如果盯防对象有切入的意图，防守者要采取顶挤、抢前等方法阻止其切入，通过身体对抗来减缓对方的移动速度，同时还能挫败对方的士气。如果对方向迎球方向切入，就要适当进行补位，及时堵住防守缺口，背对球方向堵住后方，切断切入队员的移动路线。如果进攻队员切入后没有顺利接球，那么证明防守是成功的。

3. 防摆脱

通常情况下，进攻方在后场摆脱主要是为了顺利接球，从而持球组织进攻。所以从防守者的角度来说，可以采取紧逼战术主动追防，注意观察传向自己方向的球，堵截对方的移动路线。在比赛中，要完全封锁进攻队员的行动是非常困难的，所以防摆脱的中心在于抢占有利位置。

（二）防守无球队员常犯错误及注意事项

1. 常犯错误

（1）防守时身体各部位的基本姿势不正确，视野狭窄，或者只看球不看人，或者只看人不看球，不能很好地做到“人球兼顾”，或移动步法混乱导致漏人或犯规，不能抢占正确的防守位置。

（2）当对手空切时，不能提前进行堵截，让对手在身前接球。

（3）在限制区内，不能贴身紧防，使得对手挤过接球。

（4）缺乏预先的判断，对时机的掌握不够好，不能进行积极的抢断球。

2. 注意事项

（1）在篮球技术教学中，防守技术作为全队防守的基础，要求运动员具备防守无球队员与防守有球队员同样重要的战术意识。

（2）应使学生改变轻视防守的思想，并对其防守意识进行着重培养，强调防守时应集中注意力。

（3）在防守无球队员技术的教学训练中，应遵循循序渐进的原则，逐渐增加训练的难度与要求。

（三）防守无球队员的教学与训练

1. 教学与训练建议

（1）当训练防守无球球员技巧时，重要的是要向学生阐明他们在篮球比赛中所扮演的角色，让其应学会积极的防守并消除偏向攻击的态度，并且必须一直集中精力于防守中。

（2）在教学与训练时，教师须详细讲解并示范守位的位置、距离、姿势步伐的规范性结构及标准姿势；同时，教导学生建立成形的概念，之后依循由简单渐进至复杂的方式来逐渐提升训练的挑战难度。

(3) 为了提升队员的防守预见性，并扩大其视野范围，在训练过程中应该注重并加强对队员战术观念的培养与扩充。

(4) 要特别重视加强从防无球到防有球、从防有球到防无球、从防强侧到防弱侧、从防弱侧到防强侧的转化练习，增强应变意识和反应。

2. 教学与训练方法

(1) 原地做好防守基本姿势，并看手势或其他信号练习。

甲：侧滑步、前滑步、后滑步（由单个动作向连续动作过渡）。

乙：后撤步、攻击步、碎步（由单个动作向连续动作过渡）。

丙：后撤步接侧滑步，攻击步接后撤步、侧滑步。

(2) 按规定的路线或设置障碍物做练习。

甲："之"字形滑步。

乙：三角形滑步。

丙：小"8"字形滑步。

丁：围绕障碍架做向前或向后的绕步。

(3) 两人一组，相距 1m，一攻一守。攻方做向左右突破的跨步动作，守方练习撤步堵截，逐渐加快速度。也可以让进攻队员加上虚晃假动作，提高防守中利用脚步和身体动作堵截对手的能力。

(4) 伴随跑（也叫影子）游戏。两人一组，一人沿边线跑动，另一人与他相距 1m，像影子一样伴随着移动，跑动者可以用折回跑、转身、滑步、跳起等动作。要求伴随着紧紧地跟着他，并随他做相应的动作。不能让跑动者摆脱开 1m 以上的距离。

（四）防有球队员技术

1. 防运球

防运球过程中，防守队员进行阻堵时，要位于进攻队员的前面一步左右的位置，迫使其改变运球方向。当进攻队员利用变速变向、急起急停等方法来摆脱防守时，防守队员应及时抢前向后移动，占据好有利位置，并控制好身体平衡，迅速地变换步法继续进行阻截。防运球主要是堵中间，迫使运球队员向角、边移动，注意变换步法抢先向运球方向滑动，主要突出防守的策略和要领。

2. 防传球

防守队员在进攻队员接到球之后，要积极阻挠对手传球，同时选择正确合理的防守位置。防守队员要将自己的身体重心调整好，眼注视球，判断对手的传球目的，判断依据是对手的位置、视线与动作。防守队员要通过干扰与封堵进行防守，具体方式是挥动手臂。

3. 防投篮

在对手掌控球后，防守队员要时刻保持警惕。斜步防守贴近对手是防守队员主要采取的防投篮手段，同时挥动手臂对其进行干扰，使其放弃投篮。与此同时，另一手臂要向侧方伸直，对对手的传球造成一定的阻碍作用。防守队员要对对手是否投篮做出正确判断，注意其假动作。防投篮主要包括对手运球到达投篮范围，需要注意对手的眼神、重心的变换，进而判断对手的进攻意图，干扰其投篮，当对手选择投篮时合理应对。

4. 防突破

（1）防守背对篮筐突破的持球队员。当盯防对象离篮筐较近，背向或者侧向球的情况时，防守者处于“你—我—篮”的有利位置。进攻队员接球后，如果双脚处于前后站位时，且后脚能够做中枢脚转身突破，就要对其转身一侧进行限制，与对方同侧的脚向后撤半步，手臂侧伸，另一手臂锁住对手一侧；当对方变向准备突破时，防守队员随之向后撤，向前逼抢，侧跨步阻拦。

进攻队员接球时如果两脚平行站立，就要结合持球者距离篮筐的位置采取相应的防守策略。离篮筐较近时以防投篮为主，离篮筐较远时以防突破为主。保持适当距离，逼得不要太狠，以免造成犯规。

（2）防守面向篮筐的持球队员。选择适当的位置对防守面向篮筐的持球队员来说十分重要。防守队员要根据进攻队员的接球位置、距离篮筐的距离、位置角度、来球方向及同伴的防守位置等情况，采取“堵强放弱”的策略，放一边，保一边，迫使对方调整位置，变换突破方向，降低速度，从而有利于本方通过撤步或者滑步来限制进攻队员的持球。

（五）防有球队员常犯错误及注意事项

1. 常犯错误

防有球队员时常常会犯以下错误：

(1) 防守时身体的基本姿势不正确，防守位置、距离把握不好，没根据对手动作采取相应动作。

(2) 在防守时，脚步移动慢，导致对手从无球状态转变为持球时，无法及时到位进行防守。或者上步前冲过猛，以至于无法及时调整姿势完成有效的防守。

(3) 防守时两臂没有举起展开，两腿未能合理屈膝，身体重心高，不能及时移动、积极抢位和主动用力，或脚下移动步法混乱难以追堵，造成手臂犯规。

(4) 防中投时不举手干扰封盖或封盖时挥臂幅度过大，造成犯规；防对手突破时撤步角度不合适；盲目抢、打、断球或跳起封盖。

(5) 在进行防突破时，身体重心不稳，手脚配合不协调，很容易受到对方假动作的迷惑，导致防守失误。此外，当对手突破时，脚步移动速度过慢，或者过早地放弃防守，或者过于强硬地进行犯规，都会给对手创造出得分机会。

(6) 防运球时脚步移动慢，不敢贴近对手，不抢先移动而是选择伸出手臂防守，盲目掏打球。

2. 注意事项

(1) 注意培养学生积极防守的意识，强调防守时要始终全神贯注，一丝不苟。必须克服重攻轻守的思想。

(2) 在教学训练过程中，应按照由简到繁、由易到难的原则，逐渐增加练习的难度和要求。

(3) 防守技术是全队防守的基础，无论是防守无球队员还是防守有球队员都很重要。在教学训练时，首先要讲解、示范防守的位置、距离、姿势和步法，使学生建立明确的概念。

（六）防有球队员的教学与训练

1. 教学与训练建议

(1) 强调注意力集中。可以采用“二攻二守”“三攻三守”的练习，进攻者在固定位置进行传接球，而防守者则需要随着球的转移及时进行移位，确保球到手时人也到位。球传出立即后撤，人球兼顾，提高脚步移动速度和控制重心的能力，增强防守有球与无球的转换意识。

(2) 当对方准备举球投篮时，需要采取措施来干扰他们的出手，确保对方不能轻松地投篮得分。当对手投篮有机会盖帽时，需要展开手臂，将手臂伸展到最大限度，可以有效地削弱对手的进球率。

2．教学与训练练习方法

（1）半场一对一练习。一人持球进攻，一人防守。进攻队员采取准备投篮和突破的动作，防守队员进行上步防守、撤步防守及手部扬起等动作。防守队员可以提高对进攻动作的防守能力，并增加应对进攻的难度。

（2）全场一对一的练习。进攻者运球突破，防守者被突破后，重新回到原位进行防御，继续练习。要求防守队员始终与运球队员保持一臂距离。

（3）二对二练习。进攻队员可以进行传、突、投、空切等动作，防守队员根据对手持球或不持球的情况进行积极防守。

（4）四对四练习。防有球队员和防无球队员的综合练习，在半场，四个进攻队员站成一个四角形，互相传球。防守队员根据球的位置不断调整位置，练习协防。开始不要断球，注意协防。

七、抢篮板球技术

抢篮板球技术是指在空中拼抢投篮不中的球的技术动作。在比赛中，抢篮板球是攻守转换的关键。抢得篮板球是获得控球权的重要手段，是增加进攻次数，创造得分机会，是提高攻守速度的重要保障。抢篮板球能力的强弱，抢得篮板球次数的多少，甚至决定着比赛的胜负。抢篮板球是一项复杂的综合性技术，主要包括观察判断、抢占位置、起跳动作、空中抢球动作和得球后的动作几个环节。抢篮板球技术具体包括抢防守篮板球与抢进攻篮板球两种。

（一）抢防守篮板球

抢防守篮板球非常重要，运动员应该具有强烈的抢篮板球意识，积极培养自己主动进攻的能力。抢防守篮板球在篮球比赛中扮演着极其重要的角色，它是控制球权的关键环节，对于球队的守转攻起着决定性的作用。在抢防守篮板球的过程中，防守队员需要凭借对手投篮的位置、方向，以及球弹落的区间与落点进行观察和判断；需要迅速分析对手的位置和将要运动的方向，以便采取正确的动作。这包括转身抢位或堵截抢位，以挡住对手的去路，同时利用身体挤靠来占据合理的空间位置。当球弹起时，防守队员必须迅速跳起，伸展手臂争抢篮板球的控制权。一方面，成功的篮板球抢断可以迅速发动快攻，争取快速得分的机会。另一方面，篮板球的抢夺也为球队提供了稳定的进攻机会，寻找最佳的得分机会。抢防守篮板球要做好以下 5 点。

（1）观察判断。抢防守篮板球前，防守者应与对手保持适当距离，有利于兼顾球和对手。当球出手时，应将注意力集中在对手身上以推测其意图并采取适当的行动。不应仅关注于比赛中的球而不观察其他球员，以防被对方趁机进行冲抢。

（2）预堵。在对手投球之后，所有防守球员应该采取移动步伐来进行防御，通过弯曲膝盖并且伸展双手来封阻对于在罚球线内的进攻和争抢篮板球的时间与机会。此外，还可以上前一步紧靠对手旁边进行更好的盯防，这时要特别注意提防对手假动作的诱惑，不宜过早地向篮下撤步，要力争不给对手强行挤抢的机会。

（3）转身。为了进行下一次堵截，在判断敌方选手确实朝某个方向运动起跑并准备抢球的时候，防守队员应当迅速转身以离对手移动方向的脚为轴转动，并且选择一个适当的转弯角度以便让自己的背部和对方的身躯发生有效的碰撞和阻碍作用。

（4）挡靠。防守时的挡靠动作是通过移步和转身来完成的。当防守者完成转身、面向球篮并且合适地落位后，应该稍微向后倾斜身体的重心，并用背部迎接对手的挑战，以完成防守转身和挡靠动作。这样的动作既能取得实效，又能准确掌握力度。在进行挡拆时，如果发生身体接触的情况，应在比赛规则允许的前提下努力顶住对手，但不能使用顶肘、拉手、拱腰等违规动作。同时，在完成转身和挡拆后，防守人员还需要用余光和背部的感觉继续监控对手的动向，以便做出及时的反应和防守调整。

（5）起跳与抢球。防守队员应通过观察球的反弹方向和落点来调整自己的位置，并且能够及时起跳。为了完成这个动作，可以采用原地上步、跨步或撤步的方式进行起跳。无论使用哪种方式，都需要使身体伸展，使腾空的方向尽量接近球的落点，并且在激烈的对抗中保持身体的平衡。在起跳前，要顺势高举手臂，利用身体的挤靠和高举、张开的手臂来迫使对手难以争夺高度和占据有利空间。当手指触碰到球时，应该迅速进行短促有力的扣腕和屈肘引球等动作。尽量使用双手来持球，紧握球并注意保护球，以防止对方来抢球。落地时，要屈膝缓冲，尽量使两脚对准边线的方向，以便观察全场的情况。当防守队员争抢到篮板球后，应努力在空中传球给接应队员，以启动快攻。如果无法传球，那么落地后需要注意稳定身体的重心，用身体保护球，并根据情况及时传球或运球。（图 3–2–19）。

图 3–2–19 抢防守篮板球

（二）抢进攻篮板球

积极争取禁区的篮板球是一种有效控制球权的方法，是一种有效的进攻行动。拼抢篮板球不仅可以为球队带来更多的得分及补篮的机会，还可以在提高士气与激励队友的同时，给予对手一定程度的威慑。

在争夺进攻篮板球时，进攻队员通常站在防守队员的外侧，处于不利于直接争抢篮板球的位置。因此，当本方队员进行投篮时，防守人员需要及时判断球的反弹落点，并迅速运用敏捷的脚步移动，结合身体动作，摆脱对手，争抢篮板球或进行补篮。在这个过程中，防守人员必须具备强烈的拼抢意识，并合理运用虚实动作，以突然、有效且攻击性的方式摆脱对手。在以上基础上，有组织地进行集体拼抢，发挥集体智慧和力量的优势。

抢进攻篮板球是较为复杂的动作组合，在对抗中运用的时候应注意以下 4 个方面。

（1）观察判断。需要仔细观察对方的防守动向，以便判断球的反弹方向、速度和落点。其中，对球的准确判断尤为重要，需要特别注意篮板球反弹的多向性。为了接近篮下展开争夺，进攻队员通常采取多线突围的策略，形成三面包抄的阵势。通过对篮板球反弹规律的认识，我们可以观察投篮的距离、弧线等因素，从而预测球的大致反弹方向、速度和距离。经验丰富的篮球运动员在实践中拥有良好的球感和意识，能够自觉或潜意识地做出基本的判断，以便成功争夺篮板球。不同位置的队员需要判断的方式也不同。距离篮球较近的队员通常先抢位，再进行判断；而对于外围的进攻队员，则往往先观察并进行判断，然后再做出起动和冲抢的动作。

（2）迂回起动。根据球的反弹判断和对手防守的态势，进攻队员必须及时做出迂回的快速起动，以争取在站位上取得相对优势。在摆脱对手的过程中，有多种方法可供选择。进攻队员需要具备强烈的意识，采取强行挤过、抢过的策略，并且动作必须果断、迅速和突然，同时也可以利用假动作来晃过对手。

（3）抢位冲抢。在争夺进攻篮板球的过程中，强行抢位和直接冲抢是至关重要的环节。这一环节不仅是启动进攻的延续，也是为了争取起跳时的最佳准备。在抢位时，进攻队员应尽量利用肩膀、背部等部位主动接触对手，以增加占位的优势。为了成功起跳，需要积极用力地蹬地，并且注意屈膝以降低重心，从而争取更高的空中位置。同时，要确保占据一定的空间位置，以便为自己的动作留出余地。在起跳冲抢的过程中，还需要持续判断来球的方向和高度，同时要注意腰部、背部、肩膀等部位力量的合理运用，以免在冲抢时对身体造成伤害。

（4）抢球猛狠。在争抢球权时，应当尽力伸展身体和手臂，以争取更高的空中位置来抢球。在抓球的过程中，手臂和腕指的力量至关重要，进攻队员需要紧紧抓住球并保持稳定，或者迅速地屈肘和收回手臂以稳固地握住球。即使知道自己可能无法争得篮板球，也要竭尽全力采取挑、拨、捅等手段将球从对方手中打出。同时，要注意在着地时屈膝缓冲，并积极地争夺落地球。冲抢的动作是争夺进攻篮板球的关键所在，如图 3-2-20 所示。

图 3-2-20　抢进攻篮板球

（三）抢篮板球常犯错误及注意事项

1. 常犯错误

（1）没有掌握好起跳时机，失去了抢篮板球的机会或在最高点抢球的机会。

（2）抢位意识差，只看球而忽略了防守人，不能抢占有利位置。

（3）抢篮板球时，出现推人、拉人、撞人等犯规动作。

（4）抢防守篮板球时，容易出现过早的转身看球，不挡人堵位。

（5）抢篮板球获得球后，护球的意识较差，遭对手抢、打球而出现失误。

2. 注意事项

（1）抢篮板球技术应当在战术背景下进行练习，将抢篮板球技术与战术相结合进行训练。

（2）应将抢进攻篮板球和补篮或二次进攻结合起来进行训练。

（3）抢篮板球技术的教学训练应和其他技术相结合，抢进攻篮板球强调先冲抢占据有利位置再进行抢球。

(4) 加强抢防守篮板球技术的教学训练与其他技术相结合，抢防守篮板球和传、运球突破技术相结合，抢进攻篮板球和补篮或二次进攻相结合进行训练。

(四) 抢篮板球教学训练建议与方法

1. 抢篮板球教学训练建议

(1) 首先让学生明确抢篮板球在比赛中的重要性。在教学训练中，培养学生积极拼抢的意识和勇猛顽强的作风，养成“有投必抢”的习惯。

(2) 抢篮板球是一项比较复杂的技术。刚开始教学时可以采用分解的教学方法，先学习原地起跳、抢球，再学习抢位、起跳、抢篮板球的完整技术动作，并逐渐加大难度，最后在对抗的条件下练习，或是在比赛中进行抢篮板球练习。

(3) 抢防守篮板球时，应强调先挡人后抢球，不要过早地转身看球。抢到球落地后，应与发动快攻第一传结合练习。

(4) 抢进攻篮板球时，要强调每次投篮后都应积极摆脱防守队员的阻挠，冲向篮下抢篮板球。

(5) 加强抢篮板球技术与战术结合的训练。

(6) 抢篮板球结合弹跳练习的同时，要加强空中身体对抗的训练。

2. 抢篮板球的训练方法

(1) 起跳和抢球练习。原地双脚起跳模仿抢篮板球的动作。此练习要强调抢篮板球的准备姿势、踏跳、空中伸展及落地的动作要领，根据学生的水平，可结合摸篮板、篮网进行练习。

(2) 运用上步、跨步、转身、滑步等进行单脚或双脚起跳，进行单手或双手触篮板或篮圈的练习。

(3) 自己向头上抛球（高度 5m 左右），跳到最高点时，手臂伸直，用双手或单手抢篮板球的练习，每组连续练习 10～20 次。

(4) 两人一组，其中一人负责抛球，另一人做抢球练习，可规定 10～20 次轮换。

(5) 两人一组，站在篮圈两侧，轮换跳起在空中用双手将球拖过篮圈，碰到篮板就传给同伴。要求判断好起跳时间，跳到最高点托球。连续托传球 15～30 次。

（6）抢占位置练习。在两人对抗的训练中，两名队员相距约1m，面对面站立。进攻方可以利用假动作等方式来摆脱防守，同时抢占有利的位置。防守方可以利用转身等方法来挡住进攻方，并模仿抢篮板球的动作进行起跳。在攻守交替的训练中，双方需要做一定次数的练习。

（7）两人一组，站在距球篮3m处，一人进攻一人防守。教师在罚球线投篮，开始攻方可以消极移动，防守人练习转身挡人抢篮板球。也可以让防守人消极移动，练习攻方冲抢篮板球。然后逐渐加强对抗性。

（8）半场二对二、三对三的抢位练习。要求攻方只许传球、投篮。投篮后，进攻队员积极摆脱对手，冲抢篮板球。抢到球后继续进攻，守方则积极挡人抢篮板球。可规定守方抢到5次篮板球后，交换防守。

（9）半场二攻二，做左投右抢的练习。进攻队员可以站在球篮两侧45°角，距离球篮5～6m，如果左侧投篮，右侧进攻队员要积极冲抢篮板球。当右侧进攻队员抢到篮板球时，将球拿到右侧5～6m处进行投篮，左侧进攻队员冲抢篮板球。防守队员抢到篮板球后，要迅速传给靠弧顶的教师。防守队员抢到5次篮板球后，攻守进行交换。

（10）在半场五对五的篮板球争夺和快攻结合的训练中，防守方需要明确指定接应第一传的队员和传球区域。当防守队员成功争到篮板球后，他们应该努力在空中转体，并将球传给指定的接传球队员。如果在空中无法完成传球，他们应该先着地再进行传球。如果是进攻方的队员争到了篮板球，他们应该继续进攻行动。

第三节　青少年篮球技术教学训练的原则与方法

一、青少年篮球技战术教学训练的原则

（一）引进教学训练负荷的原则

篮球技术的教学训练负荷指的是青少年在学习与掌握篮球技术技能的过程中，身体所承受的负荷刺激。负荷具有以下4方面的特点：①篮球技术的教学训

练负荷属于技能性负荷；②在确定篮球技术教学训练的负荷时，有两方面的依据，一是相应的技术动作的复杂性，二是青少年的技能基础；③对于青少年而言，其篮球技术教学训练的负荷水平一般相对较小，为中等偏下水平；④篮球技术教学训练负荷的构成特点是强度和量均处于中等偏小且较稳定。

在篮球技术教学训练过程中，应注重负荷对青少年的良好刺激和促进作用。如果青少年的篮球技术不强，则在竞争和对抗强度较大的实际运动过程中，其很难发挥出相应的篮球运动水平。因此，应注重负荷的安排，以期促进青少年各项技术的全面、熟练掌握。

（二）强调篮球基本功训练的原则

在篮球技术教学训练过程中，应注重篮球基本功的教学训练。所谓篮球基本功是指在学习各项篮球技术之前，青少年必须掌握的一些重要的专项基本。

总而言之，篮球技术的基本能力是篮球技术学习的基本起点，如果能够掌握并练好这些基本功，对于其篮球技术的学习和掌握具有重要的意义。

（三）强调基本动作准确性的原则

篮球运动的各项基本技术动作是篮球运动的基础，构成了篮球运动的基本环节和篮球的各种完整技术。

篮球基本动作与篮球完整的技术之间具有密切关系，对篮球基本动作进行规范、合理学习的重要性是显而易见的。篮球技术具有一定的多样性和复杂性，它既包括周期性成分，也包括非周期性成分。掌握复杂的篮球技术需要事先学习基本动作。具体而言，青少年需要熟练各技术中基本动作完成的力度、幅度、顺序、速度、时机及方向等。

（四）强调组合技术训练的原则

在篮球运动实践过程中，篮球运动员需要进行多样化的动作组合，并根据实际比赛需要进行灵活应变。在篮球运动比赛中，如果运动员技术单一，则其无法应对复杂多变的赛场环境，很难在比赛中赢得胜利。在篮球比赛中，如果运动员技术动作丰富多样，并能够在比赛中综合有效利用，则其将更容易获得进攻和得分的机会，从而使得获胜的概率增加。

在篮球技术的教学训练过程中，教师应该遵循篮球技术教学训练循序渐进的规律，着重对青少年有球（无球）的组合技术的练习进行科学的指导。在篮球技术教学训练中，强调组合技术训练的原则具有重要的意义。强调组合技术训练的原则不仅能够促进青少年综合技术的掌握，还能够促进其综合技术运用意识的形成。另外，强调组合技术训练的原则还能够促进青少年对单个技术的熟练掌握。

二、青少年篮球技术教学训练的方法

在现代篮球技术教学与训练的实施中，需根据篮球运动的教学规定与训练任务，并依据内容、学生特点等因素为依据，选择适宜的训练方式。

（一）建立正确的技术动作概念的方法

1. 示范法

教师要准确规范地示范篮球技术动作，使青少年在大脑中形成正确的技术动作表象。在运用示范法时要注意以下3点。

（1）教师可充分利用幻灯片、图片、录像与电影等各种直观教具进行技术动作的演示，直观教具的使用有利于正确的技术动作和完整技术概念的形成，从而提高示范的效果。

（2）教师示范的位置及方向要根据青少年的人数、队形及球场的位置来确定。一般较多地采用侧面示范的方式，目的是让青少年对示范动作进行详细的观察。

（3）教师可先进行一次完整的动作示范，然后依据技术动作的具体结构和要求进行重点示范，有意识地把青少年的注意力集中在技术动作的关键环节上。

2. 讲解法

在篮球技术教学训练中，教师在运用讲解法帮助青少年建立正确的技术动作概念时应注意如下5点。

（1）要对所要讲解的范围、方法、内容与重要知识进行确定。

（2）按照一定的顺序讲解，即“动作名称—作用—技术结构—要领与关键—要求”。

（3）讲解动作时要方法得当，既要概述完整概念，又要突出重点内容，不要一味地照着书本朗读，目的是使学生容易理解、熟记与掌握。

(4) 讲解要讲究简要化、形象化与生动化。

(5) 运用语言法（比喻、想象等）进行启发性的讲解，也要注意循序渐进、深入浅出。

3. 尝试法

教师在完成讲解与示范后，可以指导青少年尝试实践操作。青少年在开始尝试做动作时，既可以做有球练习，也可以做无球练习，要注意密切联系视觉、听觉与本体感觉。通过教师的指导，青少年能够对篮球技术动作的运动感觉有所了解，为形成清晰的技术动作奠定了一定的基础。

在讲解、示范和尝试的过程中，听觉、视觉与知觉等外导系统起主要作用，这些外导系统能够帮助青少年形成清晰准确的技术动作概念，并在此基础上进行动作的练习。由于青少年动觉较差，调节和控制动作的感觉较弱。因此，教师要经常进行准确的动作示范，既可以先示范后讲解，也可以先讲解后示范，还可以同时运用示范与讲解的方法。综合运用讲解、示范与尝试的方法，使青少年对技术动作要领有更深刻的体会，有利于充分调动各感觉器官，促进正确技术动作概念的尽快形成。

（二）准确的技术动力定型形成的方法

教师指导青少年进行练习时，要遵循由简至繁、由易至难、由近及远的原则，这样不仅能够帮助青少年掌握规范的技术动作，还有利于正确技术动力定型的建立。教师可指导青少年做如下 4 种方法的练习。

1. 模仿动作法

在正确的技术动作概念建立后，青少年可进行模仿动作练习，模仿时注意要按技术动作的结构、顺序进行，模仿动作练习具有以下两个方面的意义。

(1) 能够使青少年体验完整的技术动作与运动时的肌肉整体感觉。

(2) 提高青少年理解技术动作概念的能力，从而有利于青少年正确动作表象的建立。

2. 分解练习法

分解练习法就是在练习中按照一定的顺序，把完整的技术动作分为几个具体的环节，逐个环节地练习。运用分解练习法的目的是使青少年掌握技术动作的重点或难点。

分解练习时要注意与完整练习的有效结合，二者的结合有利于正确技术动作定型的尽快形成。

3. 反复练习法

只有进行反复多次的练习，才能促进正确动力定型的逐步形成，才能更好地掌握篮球技术动作。采用反复练习法要注意以下 4 点。

（1）注意综合考虑青少年的性别、年龄、身体状况、素质等因素，从这些实际条件出发选择正确的练习方法。

（2）在篮球技术动作的初级掌握阶段，不要对青少年提出过多的技术要求。

（3）要反复练习重点技术动作。

（4）要从不同的方向、距离与速度采用完整的练习法进行反复练习，提高青少年对技术动作的理解能力，帮助学生形成正确的技术动作。

4. 个别练习法

教师有意识、有目的、有计划地纠正个别青少年的错误技术动作时，通常采用个别练习法。每个青少年的错误技术动作都不尽相同，因此要区别对待，采用个别的练习方法。

个别练习法的使用不宜占用太多的时间，教师要示范快与慢相结合的练习，重新帮助青少年形成正确的技术动力定型，并加以巩固与提高。

（三）组合技术掌握的方法

1. 掌握并巩固组合技术

青少年对两个或两个以上的技术进行熟悉与掌握后，要注意正确衔接各个技术动作，练习篮球的组合技术，这有利于青少年技术动力定型的巩固与提高，为青少年运用组合技术做好充分的准备。

篮球技术属于综合性技术，后一个动作需要前一个动作的结合做准备，衔接连贯、有节奏、省力与合理是篮球综合技术的基本要求，组合动作还要求动作协调与实效。

在练习组合动作的过程中，刚开始可进行原地或慢速度行进中的练习，然后逐步进行快速度的技术动作练习，并增加组合技术的变化动作与数量，循序渐进地练习有利于学生熟练掌握与巩固组合技术。

2. 提高运用组合技术的应变能力

青少年熟练掌握单个技术和组合技术后，教师可结合持球瞄篮、虚晃、跨步等假动作进行教学，变持球突破为投篮、变投篮为持球突破，结合投篮与持球突破，注意假动作的灵活、逼真与实践性，以此使青少年运用组合技术的应变能力不断得到提高。

（四）技术运用能力提高的方法

青少年在具备一定的技术动作基础之后，通过比赛提高青少年的运用技术能力是重要且必要的。采用正式篮球比赛与篮球教学比赛是通常的教学手段，能够有效促进青少年动作技能的掌握和提高。

在篮球技术教学训练过程中，顺序与方法不是固定的，要依据不同的现状灵活采用方法。通常，应遵循以下规律进行：

（1）在篮球技术教学训练的开始阶段，重视青少年对正确技术动作的掌握，提出规范严格的动作要求，要求进行反复练习；

（2）青少年掌握正确技术动作后，交叉进行组合技术的学习与掌握；

（3）在青少年掌握组合动作的基础上建立正确合理的攻守条件反射，然后通过攻守对抗的方法进一步提高青少年运用技术的能力和应变的能力。

第四章　青少年篮球战术教学与训练

篮球战术是实战中非常重要的部分之一，战术对抗也是篮球竞赛中颇有看点的内容。篮球战术教学与训练是提升青少年篮球战术能力的主要方式，为此，本章就对篮球战术教学与训练的相关问题进行阐述，主要介绍了篮球战术的原理分析、青少年篮球战术教学训练的内容、青少年篮球战术教学训练的原则与方法。

第一节　篮球战术原理分析

一、篮球战术的概念与指导思想

篮球战术是指篮球运动员在篮球比赛中通过合理、灵活地运用个人技术，来达到与个别队员之间及整体队员之间的相互协调配合的组织形式和方法。

在篮球运动中，科学、合理地运用篮球战术，可以让本队的特长和优点充分地发挥出来，实现对对方缺点和短处的制约，从而获得比赛主动权，达到预期的比赛结果。

需要指出的是，在篮球战术中，形式是行动的外部表现，方法是行动的内在要求，但最重要的是队员的能力，这也是战术行动的实质，因此不能忽视队员战术能力的提高。此外，篮球战术的运用还必须建立在遵循篮球运动基本规律和自身的条件的基础上，建立与自己特点相符的篮球攻防战术体系，才能够取得较为理想的战术运用效果。

二、篮球战术的体系与构成

（一）篮球战术的体系

篮球战术组织形式多种多样，方式方法千变万化，争夺范围时小时大，而且在实践中不断发展、创新，经过人们的总结、整理，已经形成了形成比较完整的篮球战术体系，如图 4-1-1 所示。

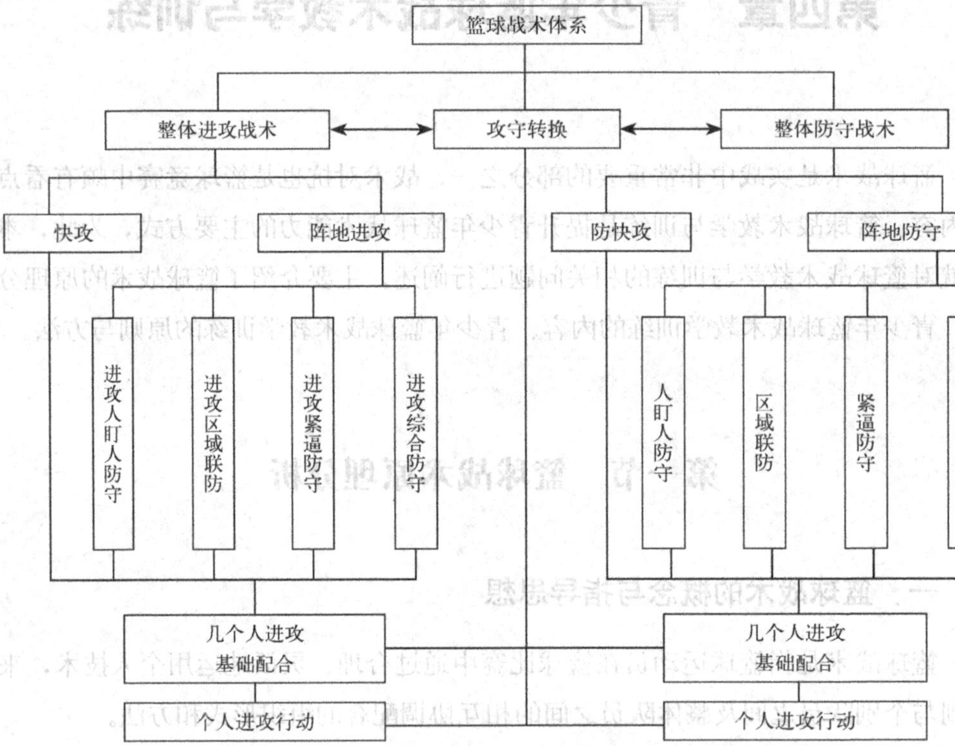

图 4-1-1　篮球战术体系

篮球战术体系的形成经过了长期发展的过程。20 世纪 90 年代以前，由于篮球的对抗特点，人们将篮球运动战术分为两大系统：进攻与防守。20 世纪 90 年代以后，当人们对篮球运动的了解越来越深入，篮球运动战术归纳为三个系统：进攻、防守、攻守。之后根据参与战术行动的区域与人数，又将篮球战术划分为三个层次：个人行动、配合行动和整体行动。

1. 个人行动

个人行动主要分为个人进攻行动和个人防守行动两种。其中，个人进攻行动主要包括摆脱、助攻、突破、切入、攻篮等；个人防守行动主要包括防守有球队员和防守无球队员。

2. 配合行动

配合行动根据配合的状况可以分为进攻基础配合和防守基础配合两种。其中，进攻基础配合主要包括掩护、传切、策应和突分配合等；防守基础配合主要包括关门、夹击、穿过、挤过、绕过、交换、补防、逼守中锋等。

3. 整体行动

整体行动是需要全队人员参加的，它可以分为全队进攻行动和全队防守行动两种。其中，全队进攻战术主要包括快攻、阵地进攻；全队防守行动主要包括防快攻、阵地防守。

（二）篮球战术的构成

篮球战术的构成主要是指战术行动的各个组成部分的搭配。在篮球战术中，技术、战术阵势和战术方法是战术的三个基本要素。此外，还有战术意识和战术指导思想。

1. 技术

在篮球比赛中，技术起着基础性的作用，它是实现战术的必要条件。只有球员在特定的区域、条件和时机下，有目的地运用技术，才能形成有效的战术。因此，可以说技术在篮球比赛中是战术实现的保障。只有球员的技术全面、准确、熟练和实用，才能更好地实现战术的效果。相反地，如果球员的技术不佳，再好的战术也无法发挥其应有的作用。从运动活动理论的角度来看，动作和行动是构成比赛活动的基本要素，而动作是行动的最基本元素。换言之，技术是构成战术行动的基本要素，没有技术就不会有战术的存在。

2. 战术阵势

战术阵势是指战术活动中具有稳定的形态和行动的方式。在篮球比赛中，战术阵势运用的优劣是影响其比赛结果的重要因素之一。对于战术阵势的理解可以从多个角度进行，如对抗范围、攻守节奏、对抗程度等。从对抗范围来说，有针对全场的战术阵势、针对半场的战术阵势；从攻守节奏的角度来说，有速度快的战术阵势、速度慢的战术阵势；从对抗程度来说，有紧逼的战术阵势、松动的战术阵势。

每一种战术阵势都有各自的专用名词，这些专有名词会揭示该战术阵势的主要特点。例如，“8”字进攻法，表现出队员移动路线的特点和进攻的连续性。

3. 战术方法

战术方法包含战术行动的原则、要求及程序，是战术行动的基本构成因素之一，其中包括了队员的站位、人和球的移动路线、进攻区域及时机等。战术方法的运用会对比赛的结果产生重要的影响，现有的战术方法是在实践规范中总结出来的，既需要队员有较高的技术运用能力，又需要有一定的阵势来保证队员技术的发挥。

4. 战术意识

战术意识是运动员根据时下情况对战术在行动上的一种反应。战术意识明确反映了球员的战术思维能力，是球员在训练比赛中累积而成的宝贵经验，这些经验将保证球员在比赛中可以非常自然地根据战术意图和实际情况选择更为合理的行动方案，继而使战术得到更好的发挥。

5. 战术指导思想

战术指导思想是在篮球比赛中必须贯彻的重要思想，它可以对篮球战术的形成和运用起到积极的指导作用，因此在篮球比赛中，篮球战术的指导思想是不容忽视的。

篮球战术指导思想主要可以分为两种：一种是长期性的战术指导思想，是指在篮球运动训练与比赛活动全过程当中都执行的指导原则，如积极主动、勇敢顽强、快速灵活、全面准确等口号，实际上就是在全队中注入了这种战术指导思想；另一种是短期性的战术指导思想，是指针对某一场比赛或某几场比赛而专门制定的战术方法的原则，如稳扎稳打、以快制高、以外制内、内外结合等。一支篮球队确立自己的战术指导思想是非常重要的，它能够确保球队的战术体系风格鲜明，使战术在比赛中得到更好的贯彻。

三、篮球战术的特点与位置分工

（一）篮球战术的特点

篮球战术主要具有以下 4 个特点。

1. 目的性与针对性

在篮球运动中，运动员所组织和运用的战术都是为了赢得胜利的，因此篮球战术具有目的性的特点。这一特点要求篮球战术的组织和运用必须符合以下要求：制定战术应充分了解本队的实际情况，在此基础上以队员的身体、技术等条件为主要依据，选择合适的攻守战术形式和方法，做到战术策略与本队水平相符，如果战术超出了队员的能力，即使再好也无法发挥出其应有的作用。

篮球战术的针对性主要体现在两个方面。第一，在运用战术的时候，战术方法的使用具有针对性，具体表现为要针对对方的特点采取有效的制约和限制措施，为取得比赛中的主动权奠定基础。第二，在运用战术的时候，战术方法的选择会根据实际情况进行有针对性的调整。

2. 个体性与整体性

篮球战术在制定的时候需要充分考虑队员的个体情况，它体现的是队员个性的技术运用能力和特长，因此具有个体性的特点。

同时，作为一项集体运动，篮球运动所使用的战术离不开集体性。在通常情况下，篮球战术需要赛场上每名队员的战术行动的相互配合。具体来说，在比赛过程中，篮球战术的成功运用要求每名队员的活动不能是孤立的，队员之间要默契配合，个体活动必须在同伴活动的背景下实施。也就是说，篮球比赛战术的成功实现不仅依赖于队员个人活动的合理性和创造性的发挥，还与队员之间的协同配合有着非常密切的关系。

3. 综合性与多样性

在篮球运动中，战术都是综合运用的，这主要表现在两个方面。第一，篮球战术在运用的过程中，既有进攻，又有防守，既有个人行动，又有配合行动，表现为进攻与防守相结合、个人行动和配合行动相结合。第二，在具体的运用过程中，表现为多种进攻战术对付多种防守战术（如混合防守、移动进攻法和利用），综合防守战术对付不同特点的进攻战术。

在篮球运动中，战术的形式和方法是多样的。随着篮球运动的不断发展，篮球战术的内容也在不断丰富，只有尽可能多地掌握篮球战术的形式和方法，才能在比赛中积极争夺比赛主动权。

4. 原则性与机动性

在篮球运动中，只有遵循一定的原则，才能够让战术变得有章可循。因此，篮球战术具有原则性的特点。

又由于篮球运动具有错综复杂、瞬息万变的特点，因此篮球战术的运用需要具有一定的机动性，要允许篮球运动员机动灵活地选择战术以应对复杂多变的比赛形势。

（二）篮球战术的位置分工

在篮球运动中，位置分工是篮球战术的重要内容之一。只有每个队员做好自己的本职任务，才能保证全队有好的发挥。随着篮球运动的不断发展和进步，篮球运动员在赛场上的战术位置也逐渐趋于全面和机动，但在一般水平的篮球比赛中，通常还是将队员的位置分为前锋、中锋和后卫三个，不同的位置有不同的分工。

1．前锋

前锋位于攻防前沿，由守转攻时，前锋经常处于冲锋陷阵的第一线，是快攻的突击手和主要得分手。在阵地进攻时，前锋需要在罚球线两侧、底线两角或篮下的位置进行个人攻击，还要和同伴组成各种进攻战术配合。在防守时，前锋除了要完成自己的防守任务外，还需要与同伴配合完成各种防守战术，要对对手进行积极阻截。在后场的时候，前锋要防守住对手切入篮下和投篮，同时还要协助其他队员进行防守。另外，前锋还要积极去拼抢攻、防篮板球。前锋的位置和分工要求作为前锋的篮球运动员必须要具有机智灵活、勇猛顽强的精神，具有在任何情况下都能自信地投篮、及时地助攻及积极拼抢篮板球的能力。

2．中锋

中锋在攻防过程中，通常落位于内线，即近篮区，处于中枢位置上。在篮球比赛中，中锋必须能在内线密集防守的情况下完成各种投篮动作，抢篮板球力争二次进攻，并给同伴做策应、掩护和中投等配合行动。在阵地进攻中，中锋应落位于对方的篮下，活动的范围要大，能进行策应和掩护，并且进攻得分的能力要强。当比赛由攻转守时，中锋应及时退防，并密切关注对方中锋的意图和行动方向，负责组织本队篮下防守。同时，中锋还要机动灵活地协防，并控制好后场的篮板球。

中锋可以分为两种，第一种是内中锋，又被称为“第一中锋”，指的是在比赛进攻时布置在篮下，以内线攻击为主的中锋队员。内中锋一般是背篮活动，这是由他们所承担的任务和所处的位置决定的。第二种是外中锋，又被称为“二中锋”，指的是在外线承担组织配合和攻击的中锋队员。外中锋需要在篮下进攻，在罚球线和两个底角处时要进行投篮或持球突破。此外，还要与本队队员策应，进行纵向和横向的掩护配合等。

由于中锋的位置很重要，因此对中锋队员的身高、个人攻击能力、战术意识等要求比较高。在一个篮球队中，中锋通常由身材高大、技术全面、反应能力快速灵活的队员担任。同时，担任中锋的队员还要求具备良好的耐力、弹跳力和对抗能力，而且要头脑冷静，善于在篮下居中策应和运用多种方法进行精准的投篮，拥有较强的防守与控制空间的能力，且善于拼抢篮板球。

3. 后卫

后卫通常位于全队战术阵型后方，担负着临场全面组织和指挥的重任，还担负着教练员联系场内队员的纽带作用，以及教练员“头脑延伸”的作用。在阵地进攻时，后卫一般活动在罚球圈顶外围两侧区域，负责球的转移和点面的联系，为同伴创造进攻机会。在由攻转守时，后卫队员处于退守的第一线，需要堵截对方发动快攻，延缓对方的推进速度。在后场防守时，后卫除了积极防守对手的外围投篮、传球和突破外，还要协助同伴夹击、围守、积极抢断球。

后卫一般由技术全面、控球意识强、沉着冷静，善于判断和支配球，具有很强的组织指挥能力，在全队中起着核心作用的队员担任。

第二节　青少年篮球战术教学训练内容

一、战术基础配合

（一）进攻战术基础配合

进攻基础配合是指进攻队员之间为了创造进攻机会，合理运用技术而组成的合作方法。基本配合方法包括传切配合、突分配合、掩护配合和策应配合。

1. 传切配合

传切配合是进攻队员之间利用传球和切入技术所组成的简单配合。

（1）传切配合的方法

示例一：一传一切。如图 4-2-1 所示，⑤传球给④后，立即摆脱对手❺向篮下切入，接④的回传球投篮。

示例二：空切。如图 4-2-2 所示，④传球给⑤，⑥立即摆脱对手❻向篮下切入，接⑤传来的球投篮。

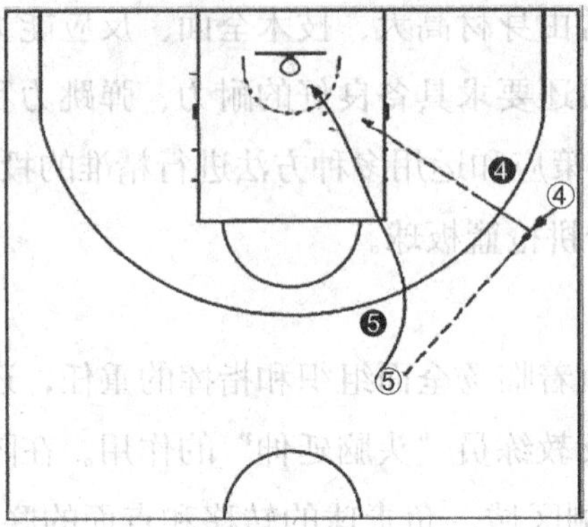

图 4-2-1　一传一切

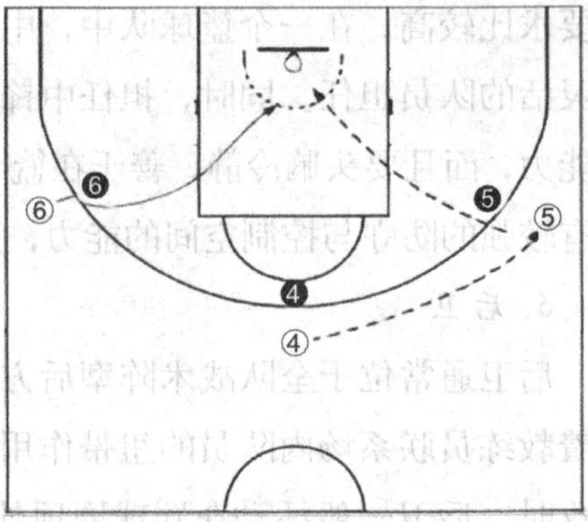

图 4-2-2　空切

(2) 传切配合的要求

传球队员要利用瞄篮、突破、运球或假动作吸引和牵制对手。当有队友进攻时，球员需要准确判断何时切断对方防守，并迅速到同伴分给的空位上接球。当切入队员摆脱对手处于有利位置时，应及时而准确地将球传给他。

2. 突分配合

突分配合是指在突破过程被防守球员拦截后，球员迅速将球传给无人防守或突破防守的队友，让队友有机会得分的一种配合方法。

(1) 突分配合的方法

如图 4-2-3 所示，球员⑤从防守者的左侧发起突破，球员④协助防守，并封堵球员⑤进攻篮筐的路线。这时，球员④需要及时判断，决定是否前往有利的进攻位置，为接收球员⑤的传球并投篮，或与⑤进行其他进攻配合。

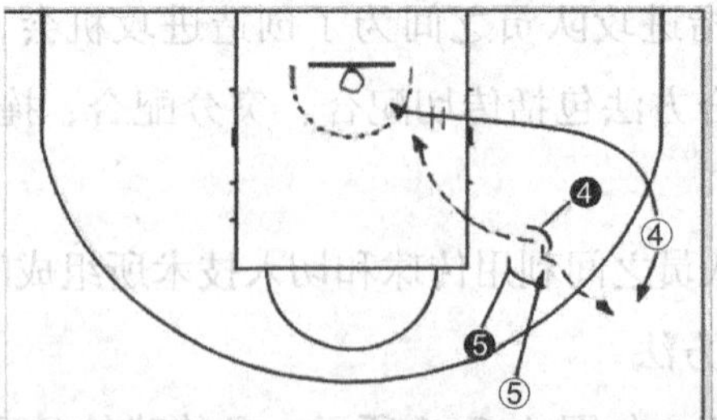

图 4-2-3　突分配合

（2）突分配合的要求

在运动中必须迅速突破并留意防守和进攻队员的位置变化，不仅需要准备好投篮，同时也要准确无误地分传队友。除此之外，还要积极协助其他的进攻队员进行跑位、接球。

3. 策应配合

策应配合是指进攻方球员背对或侧对篮筐接球，并作为进攻的枢纽，与队友进行空切配合，形成一种里应外合的进攻方式。

（1）策应配合的方法

示例一：如图 4–2–4 所示，为策应配合图（一），球员④需要摆脱防守并插到罚球线位置，为策应做准备。球员⑤将球传给④，并立即开始空切篮下，④进行策应动作，传球给空切的⑤。

示例二：如图 4–2–5 所示，为策应配合图（二），球员④将球传给策应者⑤，并迅速从⑤身边切入篮下。球员⑥向底线下压并绕出，策应者⑤可以选择将球传给位于篮下的④进行进攻，或者传给位于外围的⑥进行投篮，甚至可以选择自己进行进攻。

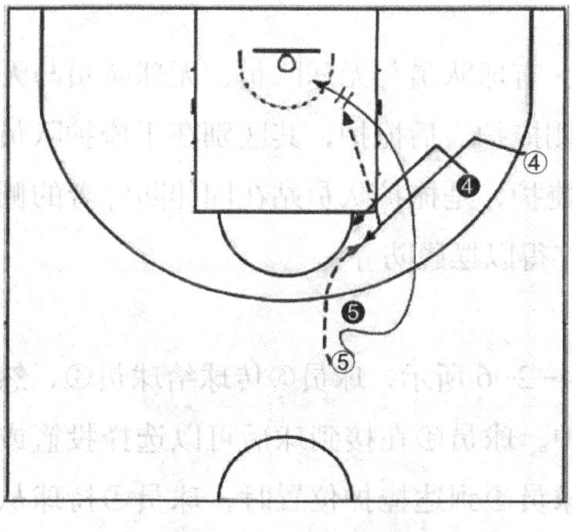

图 4–2–4　策应配合（一）

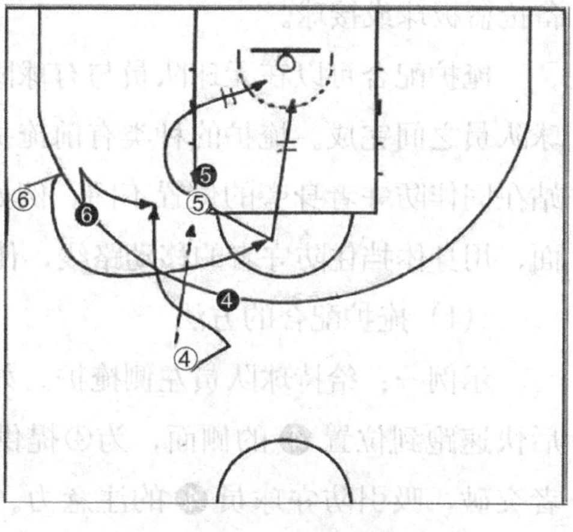

图 4–2–5　策应配合（二）

（2）策应配合的要求

策应者需要及时抢位接球，并在接到球后采取有效的控球姿势。通常情况下，策应者会采用两脚开立的姿势，同时用手臂、身体和腿部挡住防守者。如果身材较高，策应者也可以将球持于头上。在控球的过程中，策应者需要随时观察场上的情况，以便及时将球传给最有利于进攻的队友，并注意自己的攻击机会。在处理进攻和防守的关系时，策应者需要根据实际情况，灵活处理内外结合的关系。在策应过程中，策应者需要采取多种技术动作，如转身、跨步、假动作等，及时调整策应的方向和位置。这些技术动作可以帮助策应者增加策应的变化和成功率，并协助队友摆脱防守。

配合队员也需要根据策应者的位置，及时传球给远离防守的一侧，确保实现“人到球到”的配合。如果防守方采取紧逼策应的防守策略，配合队员也需要设法摆脱防守，切入或绕出接球，以便更好地完成进攻。

4. 掩护配合

掩护配合是一种常见的进攻方式，旨在帮助队友摆脱防守，掩护队员通过采用合理的行动，用自己的身体挡住同伴的防守者，使同伴借机摆脱防守或利用同伴的身体和位置来摆脱防守。

在掩护配合中，掩护队员需要突然跑到同伴的防守者的移动路线上，并保持适当的距离，同时两脚开立、两膝微屈、两臂屈肘于胸前、上体稍前倾，扩大掩护面积。当同伴利用掩护摆脱防守时，掩护队员应随着防守者移动，转身切入准备抢篮板球或接球。

掩护配合可以在无球队员与有球队员、有球队员与无球队员、无球队员与无球队员之间完成。掩护的种类有前掩护、侧掩护、后掩护，其区别在于掩护队员站在同伴防守者身旁的位置不同。例如侧掩护，是掩护队员站在同伴防守者的侧面，用身体挡住防守者的移动路线，使同伴得以摆脱防守。

（1）掩护配合的方法

示例一：给持球队员左侧掩护。如图 4–2–6 所示，球员⑤传球给球员④，然后快速跑到位置❹的侧面，为④提供掩护。球员④在接到球后可以选择投篮或者突破，吸引防守球员❹的注意力。当球员⑤到达掩护位置时，球员④持球从❹的右侧突破并进行投篮。球员⑤在完成掩护后需要及时移动到有利的位置，以便接球或争抢篮板球。

示例二：给无球队员左侧掩护（反掩护）。如图 4–2–7 所示，⑤传球给④后，跑去给同伴⑥做掩护，当⑤跑到⑥侧面掩护到位时，⑥贴着⑤切入篮下接④传来的球投篮。④接到⑤传来的球后，要做投篮、突破假动作吸引自己的防守人和调整配合时间，当⑥借助⑤掩护插入篮下无人防守时，④要及时将球传给⑥投篮。⑤掩护后要根据防守的情况和⑥的移动情况及时采取其他战术行动。

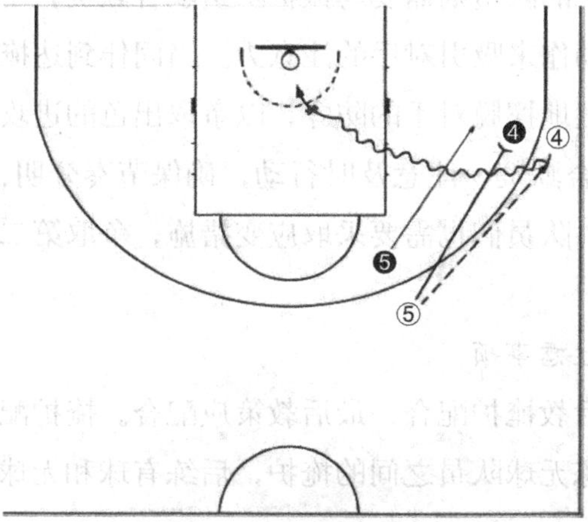

图 4–2–6　掩护配合（一）

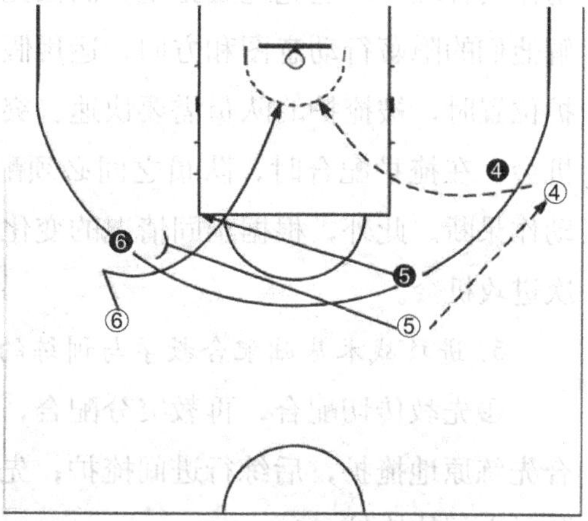

图 4–2–7　掩护配合（二）

掩护配合还有定位掩护、行进间掩护、连续掩护、假掩护等。掩护后经常出现第二次机会，如图 4–2–8 所示，⑤做掩护后对方换防时，④就不向篮下突破而是适当向外拉开运球。⑤则及时利用转身把❹挡在身后而向篮下切入，接④的传球投篮。又如图 4–2–9 所示，④给⑤做后掩护后，④与⑤换防，④及时转身切向篮下，接⑥的传球投篮。

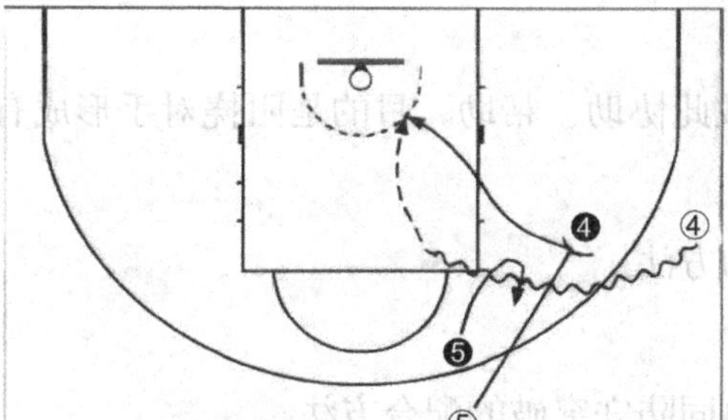

图 4–2–8　掩护配合（三）

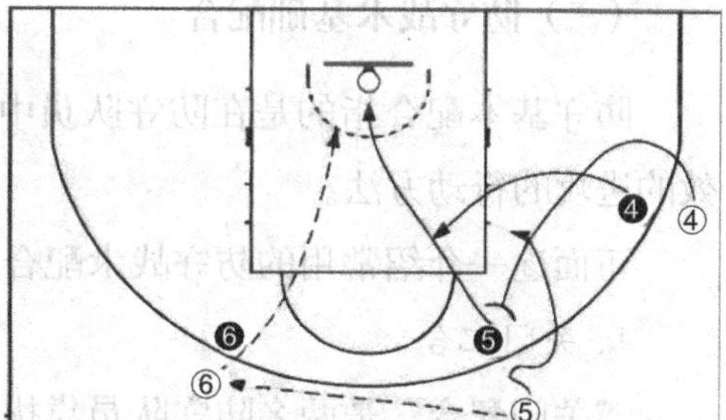

图 4–2–9　掩护配合（四）

(2) 掩护配合的要求

在掩护配合中，做掩护的队员必须要明确目的，同时行动也要尽可能地隐蔽，动作要合理，以避免造成犯规；而被掩护的队员则需要与掩护队员配合默契，了解他们的隐蔽行动意图和方向，运用假动作来吸引对手的注意力。当同伴到达掩护位置时，被掩护的队员需要快速、突然地摆脱对手的防守，以争取出色的进攻机会。在掩护配合时，队员之间必须配合默契，注意及时行动，确保节奏分明、动作果断。此外，根据不同情况的变化，队员们也需要采取应变措施，争取第二次进攻机会。

5. 进攻战术基础配合教学与训练的注意事项

①先教传切配合，再教突分配合，后教掩护配合，最后教策应配合。掩护配合先练原地掩护，后练行进间掩护；先练无球队员之间的掩护，后练有球和无球队员之间的掩护。

②在进行进攻基础配合训练时，可先不添加防守，目的是让球员熟练掌握相应的配合方法、路线与要求，并逐渐加强训练难度：由固定到变化、由消极防守到积极防守。

③在选择练习技巧时，应考虑实际情况和学生的实际要求。在练习配合时，应考虑时机判断，动作、方向、时间的变化，突然性，合理性这四个因素。在此基础上，应采用各种进攻的配合技术组合，以提高战术配合的应用能力。

（二）防守战术基础配合

防守基本配合指的是在防守队员中彼此协助、帮助，目的是阻挠对手形成有效的进攻的行动方法。

下面逐一介绍常用的防守战术配合的方法。

1. 关门配合

“关门配合”是两名防守队员靠拢协同防守突破的配合方法。

(1) 关门配合的方法

如图 4-2-10 所示，当⑤从正面突破时，❹❺或❺❻进行“关门”配合。

(2) 关门配合的要求

防守球员必须争取阻击对手突破路线，邻近的防守队员应及时靠拢“关门”，以避免让对手突破。类似的关门配合也能被运用到区域联防。

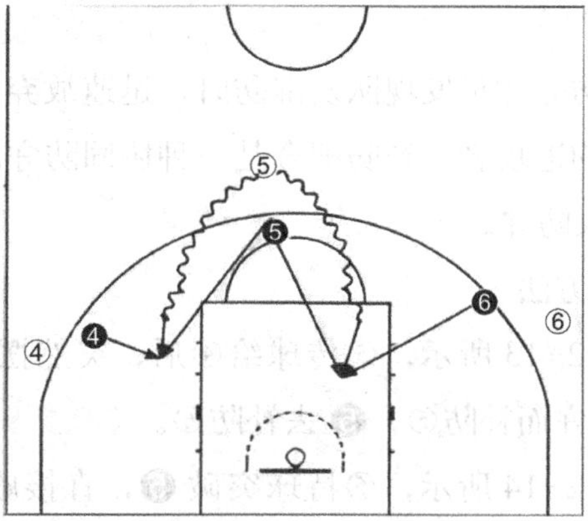

图 4–2–10　关门配合

2. 夹击配合

夹击配合是两名防守队员积极防守一名进攻队员的配合方法。

（1）夹击配合的方法

如图 4–2–11 所示，④从底线突破，❹ 封堵底线，迫使④停球，❺ 同时迅速向底线跑去与 ❹ 协同夹击④，封堵其传球路线，迫使其违例或失误。又如图 4–2–12 所示，⑤发边线球，❺ 协同 ❻ 夹击⑥，两人积极封堵⑥的接球。

（2）夹击配合的要求

夹击配合的主要目的就是让对手在关键时刻犯下 5 秒违例或是传球失误。所以，需要准确地把握夹击的时机和区域，行动要果断，出其不意。在形成夹击的过程中，运用身体和腿部限制进攻队员的活动，用手臂来封堵传球和接球，但同时要注意避免犯规。一般来说，夹击配合通常在边角区域进行。

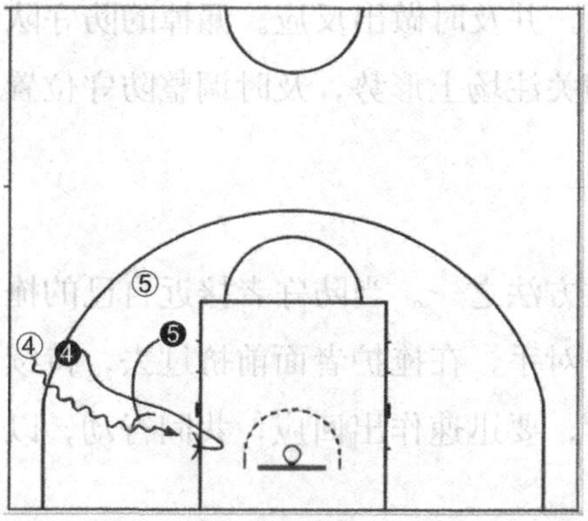

图 4–2–11　夹击配合（一）

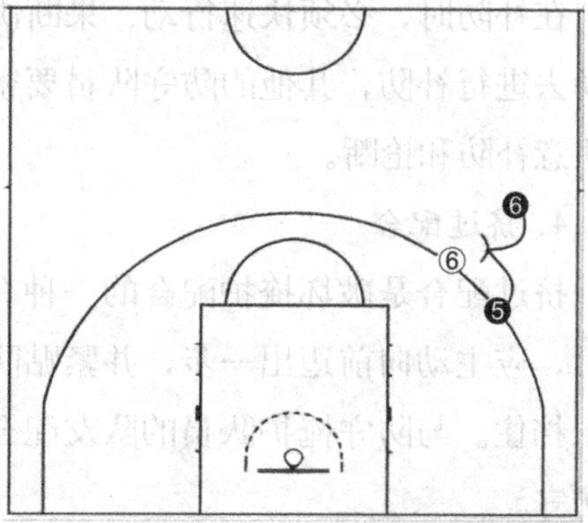

图 4–2–12　夹击配合（二）

3. 补防配合

补防配合是指当防守球员发现队友漏防时，迅速放弃自己当前的对手，去拦截那个造成最大威胁的进攻者。补防配合是一种协同防守的方法，确保漏人的防守球员能及时进行换人防守。

（1）补防配合的方法

示例一：如图 4–2–13 所示，⑤传球给④后，突然摆脱防守的⑤直插篮下，此时 ❻ 放弃对⑥的防守而补防⑤，❺ 去补防⑥。

示例二：如图 4–2–14 所示，⑤持球突破 ❺，直接威胁球篮，❻ 放弃对⑥的防守而补防⑤，❺ 立即补防⑥。

图 4–2–13　补防配合（一）

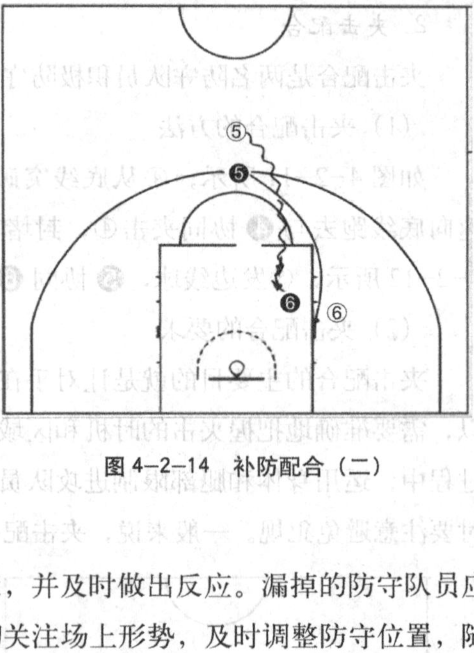

图 4–2–14　补防配合（二）

（2）补防配合的要求

在补防时，必须快速行动、果断决策，并及时做出反应。漏掉的防守队员应主动去进行补防，其他的防守队员要密切关注场上形势，及时调整防守位置，随时注意补防和抢断。

4. 挤过配合

挤过配合是破坏掩护配合的一种有效方法之一。当防守者接近自己的掩护队员时，应主动向前迈出一步，并紧贴防守对手，在掩护者面前挤过去，持续将对手阻挡住。与防守掩护队员的队友配合时，要迅速作出回应，共同行动，以备补充防守。

（1）挤过配合的方法

示例一：如图 4−2−15 所示，④传球给⑤后跑去给⑥做掩护，❹发现后要提醒同伴❻注意，❻在④临近的一刹那，迅速抢在④之前继续防守⑥。

示例二：如图 4−2−16 所示，⑤接球后向右侧运球，④上前来掩护，此时❹要及时提醒❺，❺在④临近的刹那，迅速靠近⑤，从④和⑤之间挤过，继续防⑤，❹要配合行动。

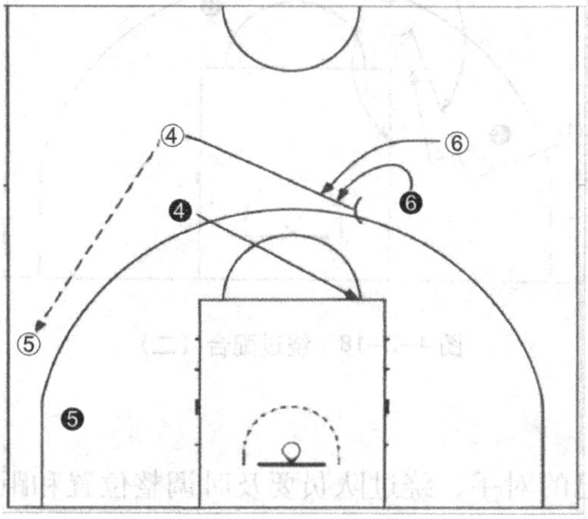

图 4−2−15　挤过配合（一）

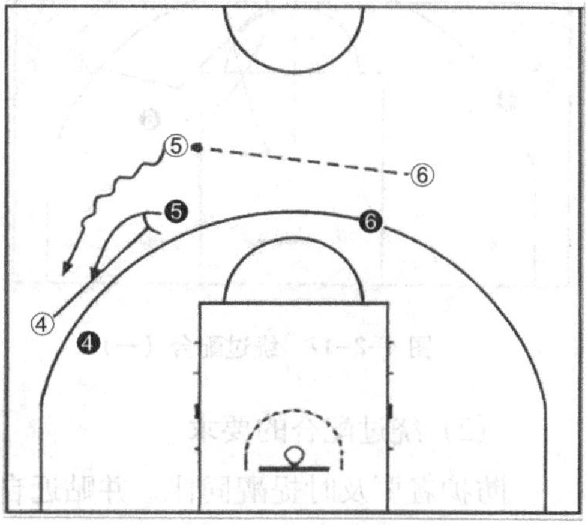

图 4−2−16　挤过配合（二）

（2）挤过配合的要求

挤过时，要贴近进攻者，迅速、突然且有力地进行上前的侧抢动作。一旦发现对方有人来掩护，务必提醒队友。在选择防守位置时，要考虑到有利的协同防守条件，并密切关注两名进攻者的行动以便及时进行补防。

6．绕过配合

绕过配合是一种破坏对方掩护并及时防守自己对手的配合方式。在进攻队员掩护时，负责防守的队员会主动靠近对手，使得队友能够从自己身旁绕过，继续防守各自的对手。

（1）绕过配合的方法

示例一：如图 4−2−17 所示，⑥传球给⑤并去给他做掩护，⑤传球给④后利用⑥的掩护向篮下切入，❺从⑥和❻旁绕过。

示例二：如图 4−2−18 所示，⑤传球给⑥利用④的掩护切入篮下，❺封堵⑤

向球切的路线，迫使其向另一侧切入，此时❹要贴住④，❺从④和❹身旁绕过继续防守⑤。

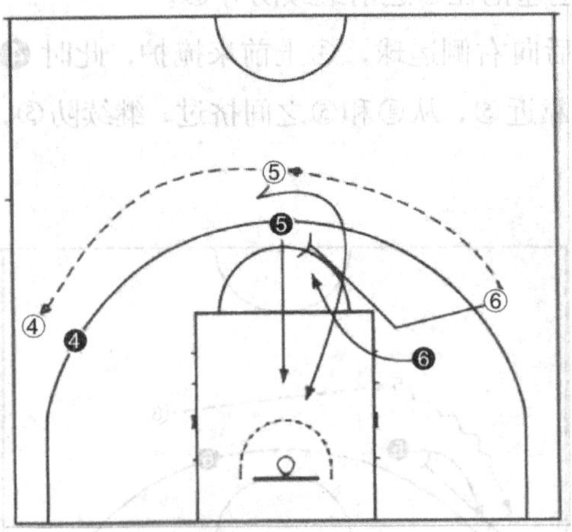

图 4–2–17　绕过配合（一）

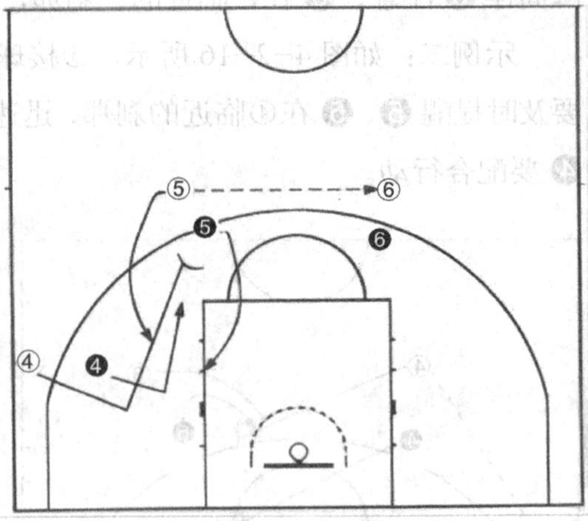

图 4–2–18　绕过配合（二）

（2）绕过配合的要求

防护者要及时提醒同伴，并贴近自己的对手，绕过队员要及时调整位置和距离，继续防住对手。

7. 交换配合

交换配合是为了破坏进攻队员的掩护配合，防守队员之间及时地呼应、交换自己所防守的对手的一种配合方法。

（1）交换配合的方法

示例一：如图 4–2–19 所示，⑤去给④做掩护，❺要主动发出换人信号，及时封堵④向篮下突破的路线，此时❹应及时调整自己的防守位置，防止⑤向篮下空切。

示例二：如图 4–2–20 所示，④传球给⑤，并利用⑥定位掩护切入篮下，此时❻看到❹被掩护住了，应主动招呼同伴换防，❻防④篮下接球，❹调整位置防⑥。

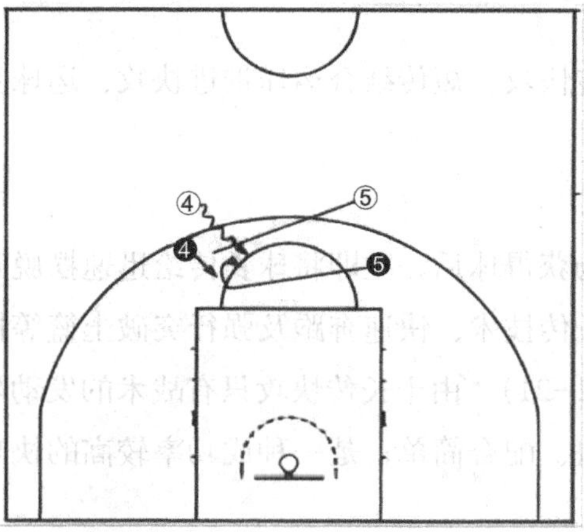

图 4-2-19 交换配合（一）

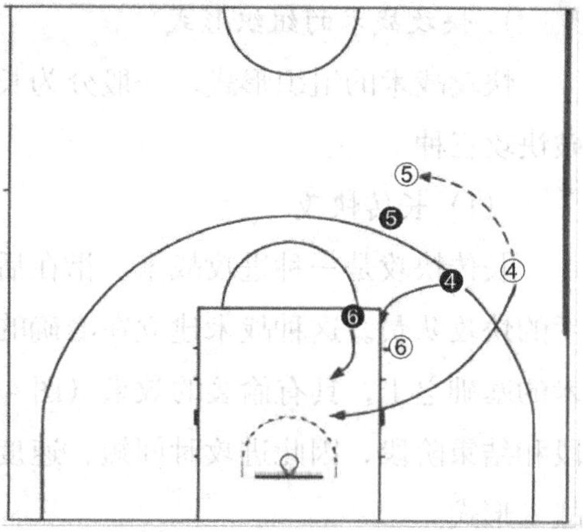

图 4-2-20 交换配合（二）

（2）交换配合的要求

在防守交替时，担任掩护防守的队员应主动发出换人信号，两名球员做好准备进行防守交替。两名防守球员需要及时到位进行交替，在采用交换防守策略后，应在适当的时机再次进行防守交替，以避免个人防守力量的不平衡。

8. 防守战术基础配合教学与训练的注意事项

①首先，教授的是“关门”配合动作。其次，教授挤过、穿过、绕过和交换防守的配合方式。最后，教授夹击和补防的配合。

②训练防守战术基础配合应从消极进攻条件下开始，逐渐过渡到积极进攻条件下提高防守配合的技能。在训练过程中需要严格要求，特别要注意配合的时间性和合理性。

二、快攻与防守快攻

（一）快攻

快攻是一种进攻战术，当防守转变为进攻时，进攻方利用最快的速度和最短的时间将球推进到对方前场，以在对方还未来得及布置好防守时争取人数和位置上的优势，并迅速、果断地进行攻击。快攻的特点是迅速决胜，出其不意。在现代进攻战术中，快攻是最尖锐的武器，也是最重要的反击得分手段。

1. 快攻战术的组织形式

快攻战术的组织形式，一般分为长传快攻、短传结合运球推进快攻、运球突破快攻三种。

（1）长传快攻

长传快攻是一种进攻战术，指在后场获得球后，立即将球长传给迅速摆脱对手的快攻队员。这种战术建立在准确的长传技术、快速奔跑及强行突破上篮等技术的基础之上，具有偷袭的效果（图 4–2–21）。由于长传快攻只有战术的发动阶段和结束阶段，因此进攻时间短、速度快、配合简单，是一种成功率较高的快攻战术形式。

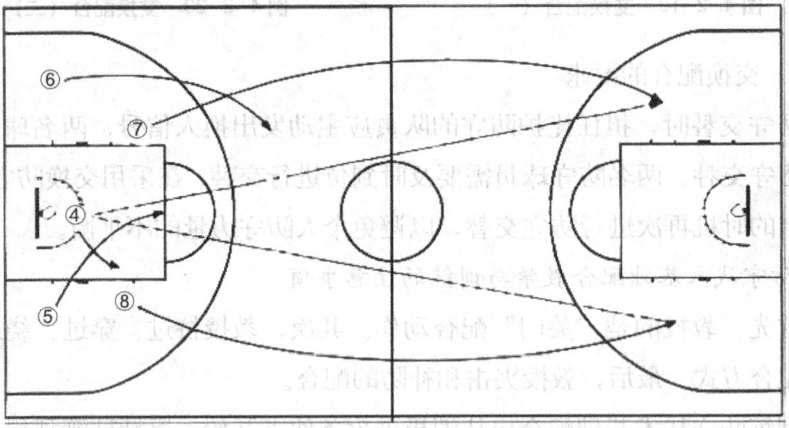

图 4–2–21 长传快攻

（2）短传（结合运球推进）快攻

短传快攻是一种快攻形式（图 4–2–22），指在防守方获得球后，立即通过短距离快速传球的方式，直接向对方篮下发起进攻。这种快攻形式具有灵活、多变和机动的优点。它需要多人参与配合，容易制造出以多打少的优势，通常与运球突破相结合使用。

（3）运球突破快攻

运球突破快攻是一种进攻方式，指在防守方获得球后，通过运球技术超越防守，将球传给比自己更有投篮机会的队友或者进行自己的投篮。这种快攻方法的关键在于抓住时机，减少传球环节，加快进攻速度，主要依赖于个人的得分能力和突破篮筐的技巧（图 4–2–23）。

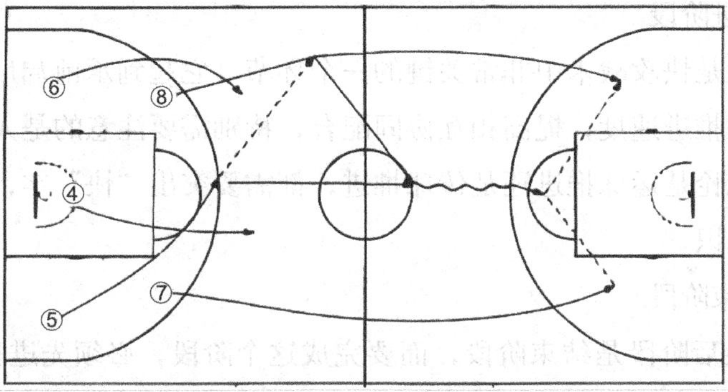

图 4-2-22 短传快攻

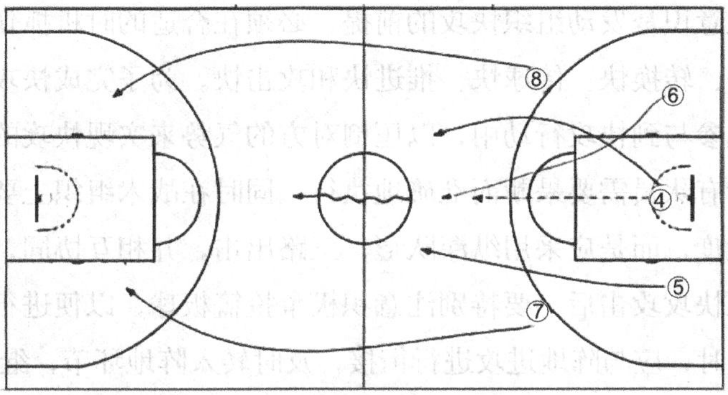

图 4-2-23 运球突破快攻

2. 快攻战术的结构

(1)发动与接应阶段

根据篮球比赛攻守对抗与相互交换的规律，发动快攻的时机主要有抢得后场篮板球后、抢断球后、掷界外球和跳球等几种。在比赛中，抢得后场篮板球后发动快攻的次数最多，而抢断球后发动快攻的威胁力最大，成功率最高的则是通过偷袭长传进行快攻。当防守队员获得球时，这是发动快攻的信号。全队队员应立即按照既定的快攻战术方案和战术行动路线分散选位。获得球的队员应迅速准确地传球给前移快下队员或接应队员，或者果断地进行第一传，或者快速运球突破防守自己的对手，或者与接应队员紧密衔接。接应队员的任务是确保在接到第一传后能够迅速将球转入推进阶段。因此，接应队员需要具备灵活机动的能力，在合适的位置上选择有利于衔接的位置，需要有意识地抓住机会，加速推进到前场，以便展开快速决战，结束进攻。

（2）推进阶段

推进阶段是快攻战术中非常关键的一个环节，它起到承前启后的作用，需要抓住时机加快推进速度，提高相互协同配合，特别需要注意的是人和球在位置上的主动性。无论是运球推进还是传球推进，都需要突出“快”字，即快速行动和快速反应的意识。

（3）结束阶段

快攻的最后阶段是结束阶段，而要完成这个阶段，必须先进行发动和接应，然后通过推进来连接各个环节。快速、果断、有效地结束快攻是快攻的根本目的。

3. 快攻的基本要求

树立快攻意识是发动组织快攻的前提，必须在合适的时机抓住机会，做到接应快、分散快、转换快、传球快、推进快和攻击快。为了完成快攻的任务，全队队员需要积极参与到快攻行动中，以压倒对方的气势来实现快攻的效果。在技术运用方面，所有队员需要果断而准确地执行，同时在战术组织上要紧密相连。不应轻易降低速度，而是应采用纵深队形，三路出击，并相互协同，以确保先后有序地进行。在快攻攻击后，要特别注意积极争抢篮板球，以便进行二次进攻。当快攻无法成功时，应与阵地进攻进行衔接，及时转入阵地环节，继续进行进攻。

（二）防守快攻

防守快攻是指在比赛中从进攻转入防守时采取的一系列战术，旨在阻止和破坏对方的快攻进攻。实施防守快攻的核心方法是提高本队进攻的成功率，减少对方发动进攻的机会，并减少不必要的失误。此外，还需要积极组织争夺篮板球，以便为本队的防守部署提供有利条件。

随着现代篮球比赛速度的不断加快，篮球运动员迫切需要提高防守技术和战术质量，并深入研究防守快攻战术的重要性。防守快攻战术是一个有机的整体，需要根据对方的快攻进攻方式有针对性地进行防守，以延缓对方的进攻速度，扰乱他们的进攻节奏，并推迟他们的攻击时间，从而为快速组织阵地防守提供有利条件。

1. 防守快攻的方法

（1）拼抢前场篮板球

根据比赛数据分析，抢下后场篮板球后发动快攻的成功率最高。因此，积极组织前场篮板球的争抢是获得再次进攻机会的关键所在，同时也有助于迅速转换为封堵对方第一传的防守策略。

（2）封堵第一传和接应点

要想成功地防守对方的快攻，及时封锁和堵截对方发动快攻的第一传和接应点是至关重要的。通常，可以采用近身积极封堵、紧逼、夹击等方法来防守对方控制后场篮板球、掷界外球和抢断球等场景。

（3）防守快下队员

当进攻队展开快攻时，防守队员应主动进行中场堵截，以阻止进攻队员直接冲向篮下。无论是面对徒手进攻还是运球突破，都需要采取堵中放边的策略，以延缓和限制他们的进攻时间，使他们失去快攻的机会。为了实现上述目标，防守队的后场队员需要同时观察全场并快速回防。在控制中场的同时，灵活运用退守和领防的策略，以占据有利的路线和位置。此外，还应积极地逼近和追截那些沿边线进行快速进攻的无球进攻队员。

（4）堵截接应点

当对方采用固定接应方式时，应该积极争夺对方的接应点，阻断接应队员与第一传球员之间的联系，限制他们的移动。当对方选择机动接应时，防守队员应立即紧逼对手，采取机动的人盯人防守策略，旨在干扰和控制对方任何一名队员的接应意图和行动。通过这样的防守方式，可以破坏和延缓对方快攻的启动和推进速度。当进攻队无法进行长传快攻并且发出界外球时，防守队员需要采取以下策略：第一，就近封堵第一传球的通道，防止对方发起有效的进攻。第二，两名防守队员应迅速接近并夹击接应队员，以便在夹击的过程中抢断球权。

（5）以少防多

在面对快攻时，尤其是在以少数人防守的情况下，防守队员必须特别注意保护篮下。根据进攻队的进攻动向，及时选择有利的防守位置，以兼顾人和球，并在合适的时机迅速对对方的薄弱环节采取攻击性防守行动，勇敢地破坏对方的进攻。不论是一防二还是二防三，都要根据进攻情况相应变化与调整防守位置，以延缓对方的攻击。

2. 防守快攻的基本要求

在积极防守思想的指导下，要求全队整体布防，队员各司其职，行动一致。应积极主动地从不同位置上进行全面追截，以制止对方的快攻，并延缓其快攻的速度。也可通过阻拦接应队员、封堵对方的第一传、干扰对方向接应区移动，或者积极追防快速下底的队员，在中场进行堵截、干扰或者抢占对方习惯的接应点。还可以阻挠对方，使其无法顺利传球和运球。力求在防守时保持人数上的均衡，如果处于少数防守多人进攻的情况下，应该保持冷静、机智果断，并且勇敢地出击，以争取时间和力量上的平衡。无论对方在哪个位置投篮，都要积极地进行干扰和封防，以影响他们的命中率，并且要争抢篮板球。

三、人盯人防守与进攻人盯人防守

在篮球比赛的演变和发展过程中，“人盯人”防守战术是最早出现，并具有相对强大破坏力的防守体系之一。它是篮球防守战术中最为重要的一个系统，主要以盯人为主，同时兼顾球位，实现了人球兼顾的目的。每位防守队员都积极盯住自己的进攻对手，并与队友共同进行协防，形成了全队一起参与的防守战术。在现代篮球比赛中，人盯人防守是一种最基本、最常用的防守战术。它以“以人为中心”的防守原则为特点，也是未来篮球防守战术的发展趋势。在现代篮球比赛中，各队都将这种防守战术视为重要的战术方法和手段来加以运用。人盯人防守战术能够有效地发挥运动员个人防守能力和团队防守力量。通过根据人和球的位置，以及对手的移动情况，随时调整防守力量和队员的防守位置。人盯人防守战术可以控制进攻队员之间的人与球、人与人之间的联系。

人盯人防守要求运动员牢固掌握战术的基本组织原则和运用方法，并根据比赛中攻守双方的实际情况选择适合的人盯人防守战术形式。运动员需要具备强烈的攻守转换和人盯人防守意识，在以盯人为主的基础上，积极进行位置的移动，同时兼顾对球和防守区域的关注；球员需要具备扎实的防守基本技能和良好的身体素质，同时还要有顽强的战斗作风。他们应该熟练掌握和运用个人防守战术，并具备观察、判断和随机应变的能力。此外，他们应该与队友密切配合，加强防守的集体性，特别是在保护篮下和积极争夺篮板球方面要格外注意。

（一）半场人盯人防守与进攻半场人盯人防守

1. 半场人盯人防守

半场人盯人防守战术是指在由进攻转为防守时，全队以最快的速度退回到自己的后场，并采用人盯人的防守方式，每个防守者都要紧盯着对手，明确防守对象。这是篮球比赛中最常用的防守战术之一，也是其他各种防守战术的基础。这种战术的防守范围相对较小，但协同补充能力很强。由于每个防守者都有明确的防守对象，因此他们能够迅速熟悉对手的技术特点和战术动作。这种明确性有助于在防守过程中根据对手的打法及时做出调整，扩大或缩小防守范围，并根据对方进攻的重点来组织和配置防守力量。

（1）半场人盯人防守的基本要求

当进攻转为防守时，防守队员需要迅速回到后场，找到对手，形成集体防守。为了确保防守的有效性，需要根据进攻队员的身高、技术特点和位置分工等因素，配置相应实力的防守力量。在防守中，需要遵循人球兼顾的原则，将对手与球同时纳入考虑，以人为主进行防守。防守队员的位置选择应根据球和对方球员的位置进行灵活调整，如防守距离应按有球逼、无球截、近球贴、远球堵、近篮封、远篮控、运球追的原则进行调整。在进行防守时，需要时刻保持全局观察，利用余光扫视攻守两方面的情况。同时，要时刻保持基本的防守站立姿势，并积极主动地进行移动，以干扰、堵截和抢夺球权。对于持球队员，应根据对手的位置，积极运用手臂挥摆来封锁传球路线和干扰投篮；对于持球队员，防守者应该积极主动地进行追防，并运用合理有效的动作。防守者可以将对方运球的落点放在自己两脚滑行之间的稍前方，以此来堵截对方的运球路线，并伺机抢夺球权，迫使对方陷入被动。同时，邻近的防守队员应该进行协防；针对没有持球的队员，防守者应该根据对手的位置及时做出调整。通常情况下，在外围防守时，应该遵循“球—彼—我—篮”的原则，综合考虑防守位置。这样做可以更好地阻止对手接球和进行抢断，并使对手难以接球或在接球后难以与其他进攻技巧衔接，从而阻碍他们的进攻顺利进行。针对不同的防守区域，应采用不同的防守策略。在近球区和远球区、强侧和弱侧、内线和外线等位置，防守方法应有所侧重。这样做有利于与队友进行协同防守，增强整个防守团队的集体性和攻击性。总之，五名队员需要形成一个有机的防守整体，相互协作，共同应对对手的进攻。

（2）半场人盯人防守战术的方法

半场人盯人防守战术在实战运用中主要有半场缩小人盯人和半场扩大人盯人防守两种。由于缩小人盯人和扩大人盯人防守的任务和防守区域不同，因此战术形式和方法也不同，然而防守基本原则一致。

半场缩小人盯人防守战术。这是对付中、远距离投篮不太准，突破和篮下攻击能力较强的对手的一种防守形式。它的防区较小，一般为 6～7m，有利于控制对方篮下进攻和外线突破。

在有组织的后场防守中，首要任务是控制持球队员，积极迎战，阻止其投篮、传球和突破。无球队员应按照“球—我—他”的选位要求，控制对方接球的位置，特别要加强对中锋队员的控制。全队在防守时需要始终保持有球上、防守紧密；无球时缩小防守距离，保持防守位置的紧凑；对近距离的球和篮筐要进行紧密的防守，对远距离的球和篮筐要适度退守。队员要密切协同配合，控制篮下区域，增强防守的灵活性和进攻性。考虑到进攻人盯人防守战术通常涉及各种掩护、策应、传切和突破等配合动作，因此在半场人盯人防守中，关键是选择正确的防守位置，并根据对方的进攻方式积极运用挤过、穿过、交换和补防等配合动作，以完成集体防守任务。

缩小人盯人防守有两种战术形式：一种是在三分投篮线带范围内呈马蹄形布防（近似于扩大了的“3–2”阵势的落位布阵），防守队员需要做好对自己对手的准备。这种防守形式主要是为了控制内线，封堵对手的强行突破，并制造抢篮板球反击机会。另一种是五名防守队员在中线稍后一带，有针对性地落位，分别盯住进入自己防区的对手，尽力阻挠对方进攻球员进入本防区，以遏制对方的进攻行动。

半场扩大人盯人防守是一种富有攻击性的防守战术，通常用于对付后场控制和进攻能力较弱的队伍，以夺球为主要目标。该战术的重点在于封锁和切断传球路线，阻止对方进行三分球投篮，并破坏对方的内外结合进攻配合习惯。防守队员需要紧逼对手，制造对手失误，并借机组织夹击进攻。虽然这种防守战术有利于阻止外线进攻，但其防守区域较大（一般为 8～10m），相对内线防守较为薄弱，因此互补防守较为困难。

下面根据进攻队带球进入的区域，介绍半场扩大人盯人的防守方法。

防守队员在进攻转为防守时，应快速回到后场，并立即找到自己要防守的对手。如图 4–2–24 所示的 A 区域，这是防守队员开始紧逼对手的区域范围。对于持球队员，防守队员需要封锁其传球路线，确保对方无法轻松传球。对于运球队员，防守队员要阻止其突破，并努力迫使其停球。对于无球队员，防守队员要采取错位防守策略，切断其接球路线，并破坏他们的进攻配合习惯。这一阶段的防守与半场区域紧逼有所不同，要求防守队员控制对方的进攻速度而紧逼盯人，不要求防守队员在进攻方持球队员刚越过中线时就上去紧逼和夹击。当进攻队员已进入B区时，每名防守队员均应根据球的位置紧逼对手，以不让对手轻易接球为目的，阻挠和切断其传接球通路，破坏对方的习惯进攻配合，阻挠对手落位到习惯的攻击点，如果遇到对方掩护时，为了避免出现高矮错配、强弱不均等现象，应尽量运用挤过防守，少用交换防守。

当运球队员被逼入图 4-2-25 所示的底角时，防守队员可以组织夹击。将运球队员逼向左底角，近球防守队员❶和❷可以下移夹击①，❸准备断①传给②的球，并要防住自己所盯的③切入，❹准备断①传给③的球，并要防止自己所盯的④向篮下切入，❺防止⑤插向异侧进攻。

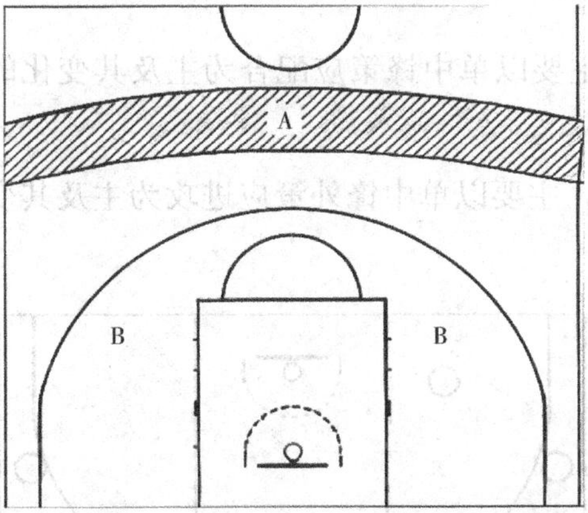

图 4-2-24 半场扩大人盯人防守战术区域

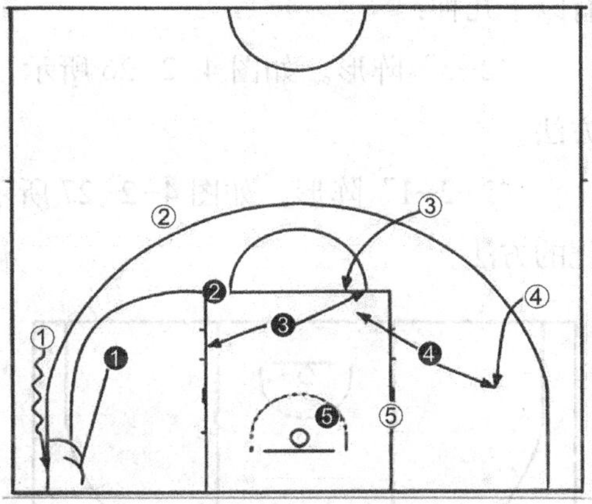

图 4-2-25 人盯人防守中的夹击

2. 进攻半场人盯人防守

半场人盯人防守是最常用的篮球防守战术之一，因此进攻半场人盯人战术是篮球比赛中必不可少的进攻战术之一。

进攻人盯人战术是由各种掩护、策应、传切和突破分球等基础配合组成的全队战术。无论以哪种基础配合为主组成的全队战术，都应根据本队的身材、技术条件和特点，调动全队的积极性，发挥每个队员的技术特长，争取进攻的主动权，攻破防守。

（1）进攻半场人盯人战术的基本要求

了解对手的情况，扬长避短地组织进攻。内线进攻与外线进攻相结合，正面进攻与两侧进攻相结合，扩大攻击面，增多攻击点。

队员在场上要保持一定距离或分散队形，拉大防区以便于各个击破。要沉着冷静、合理地组织进攻队形，充分利用基础配合组成全队战术；要在动中配合，注重战术配合的连续性。注重速度，讲究节奏，快慢、动静结合。控球队员不要急于处理球，特别应注意不要在边、角处停球，应积极组织队友运用传切、突分、掩护和策应等配合，争取局部突破。组织拼抢篮板球，同时注意攻守平衡，攻守转换速度要快。

（2）进攻半场人盯人的战术队形

进攻中，必须有一定的落位队形。选用队形应根据本队的条件，特别是中锋的身材条件、技术特点和本队战术打法来确定。进攻人盯人战术常见的基本阵形有以下几种：

“2–3”阵形。如图 4–2–26 所示，主要以单中锋策应配合为主及其变化的方法。

“2–2–1”阵形。如图 4–2–27 所示，主要以单中锋外策应进攻为主及其变化的方法。

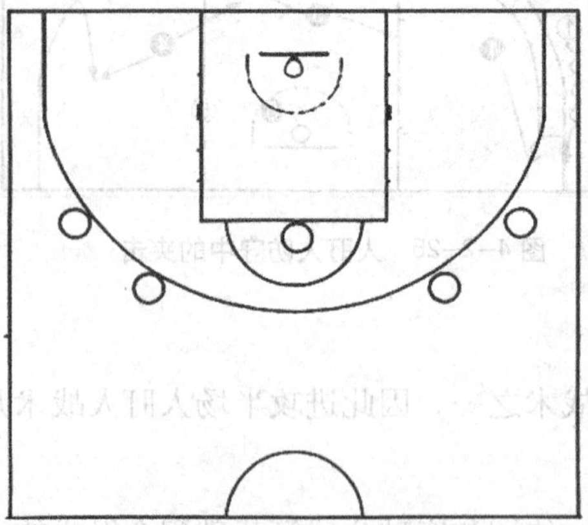

图 4–2–26 “2–3”阵型

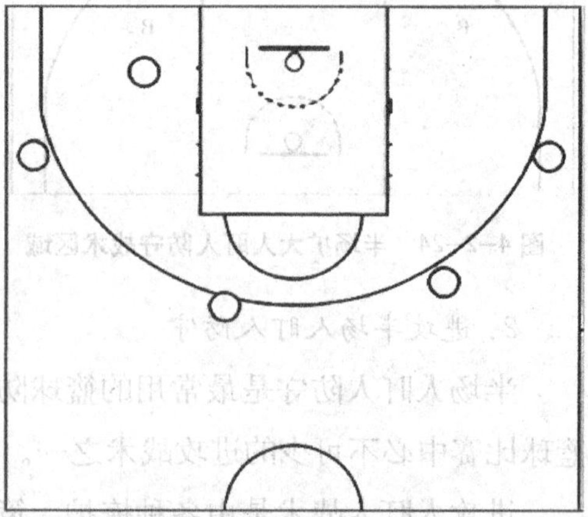

图 4–2–27 “2–2–1”阵型

“1–3–1”阵形。如图 4–2–28 所示，主要以双中锋上下站位及其变化的方法。

“1–2–2”阵形。如图 4–2–29 所示，主要以双中锋篮下进攻及其变化的方法。

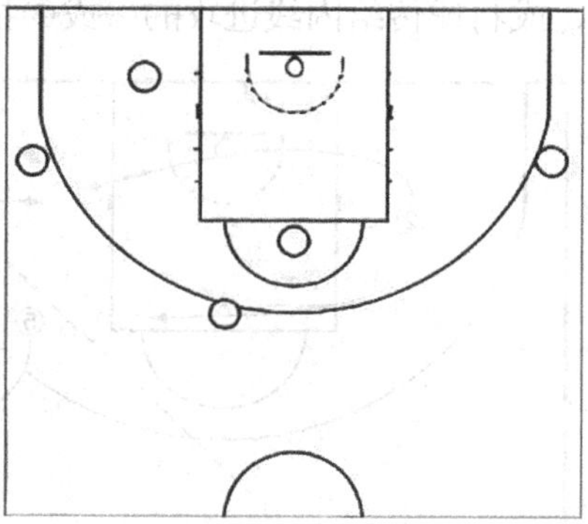

图 4–2–28 “1–3–1”阵形

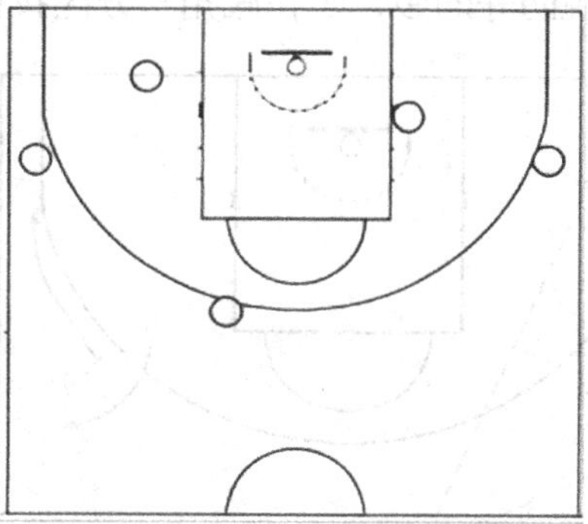

图 4–2–29 “1–2–2”阵形

“1–4”阵形。如图 4–2–30 所示，主要以双中锋上演进攻及其变化的方法。

图 4–2–30 “1–4”阵形

（3）进攻半场人盯人防守的战术方法

双重叠掩护（“1–4”落位阵形）。这是“二大二中一小”的人员配备，以两对双重叠掩护为基础，在三分线附近组织三分球外线进攻，逐步向篮下移动双重叠掩护位置，组织内线进攻的战术方法。

如图 4–2–31 所示：①持球进攻，②与③在左侧三分区，⑤与④在右侧三分区，形成两对双重叠掩护，面对球或侧对球站立，③利用②做定位掩护，切向底角三分区，②切向左侧三分区。谁能摆脱防守接到球，谁即可投三分球。④与⑤冲抢篮板球，①与②准备退防，维持攻守平衡。

如图 4–2–32 所示：左侧双重叠在篮下落位，右侧双重叠在三分区落位，右侧打外线三分球配合，左侧打内线进攻配合。①持球进攻，将球传给利用⑤做定位掩护而摆脱防守的④，④在底角三分区投篮，或将球传给内线进攻的②或③投篮。

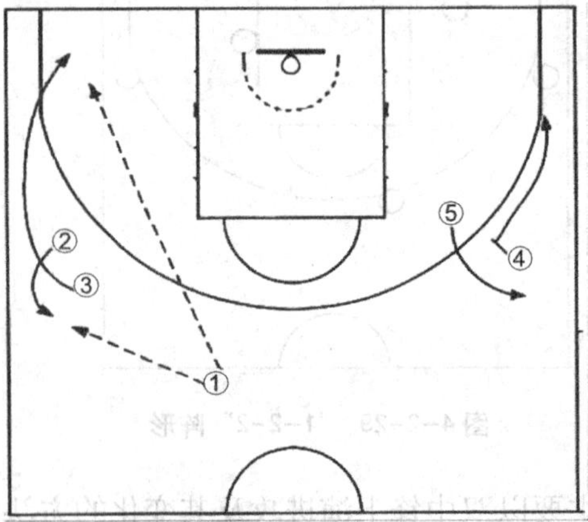

图 4–2–31　双重叠掩护（一）

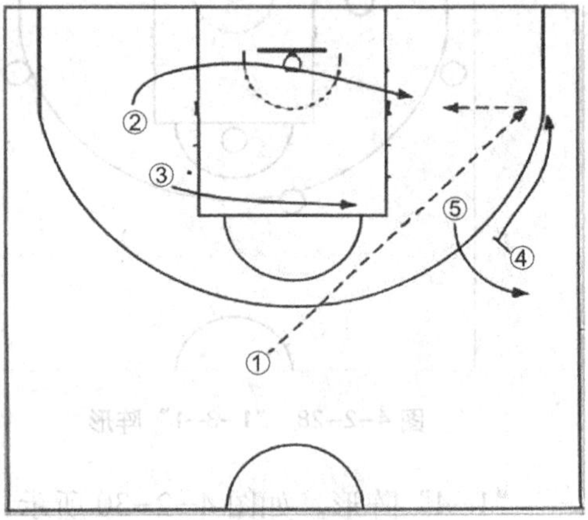

图 4–2–32　双重叠掩护（二）

传切、策应连续进攻法。如图 4–2–33 所示，②传球给③后，切入篮下。如图 4–2–34 所示，如果②未能接到球，则③运球突破做一打一。如果③未能突破对手，则运球后转身做策应。此时，由于②切入，③运球突破，防守必然会缩小。①切向③转身策应处，接③递给他的球，在外线投篮。如果不能投篮，④上移，⑤拉到左腰，①传球给④，④传球给⑤（图 4–2–36）左侧。

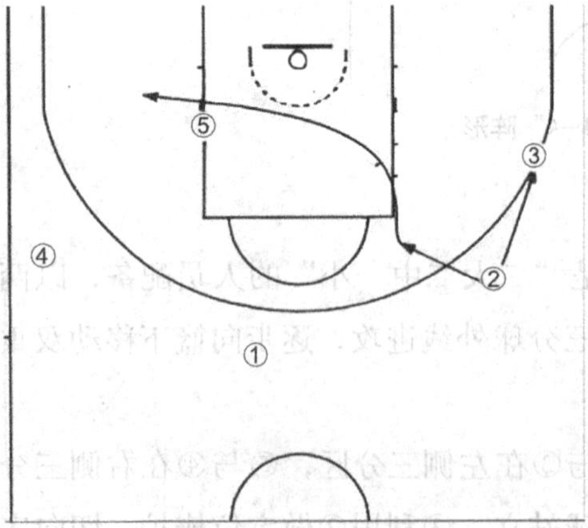

图 4–2–33　传切、策应进攻（一）

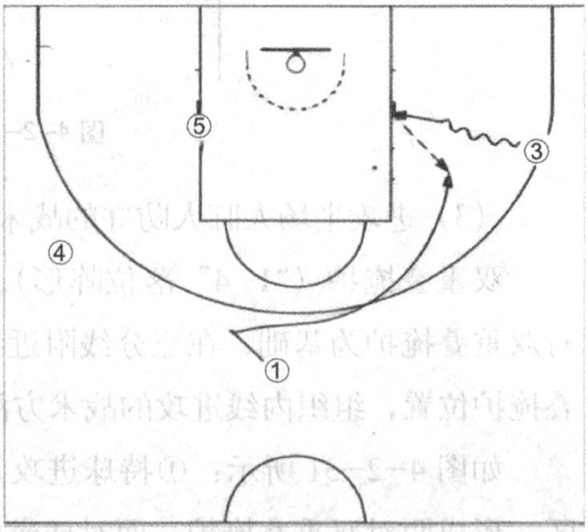

图 4–2–34　传切、策应进攻（二）

如图 4–2–36 所示，五名队员站位与如图 4–2–35 所示的战术类同，只是从右面传切、策应的进攻队形变方面。

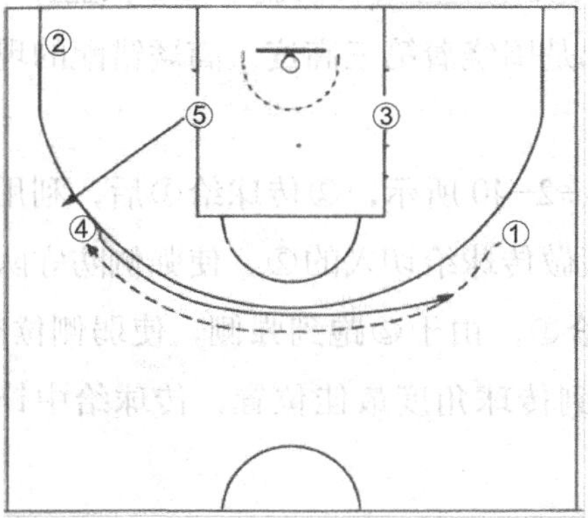

图 4-2-35　传切、策应进攻（三）

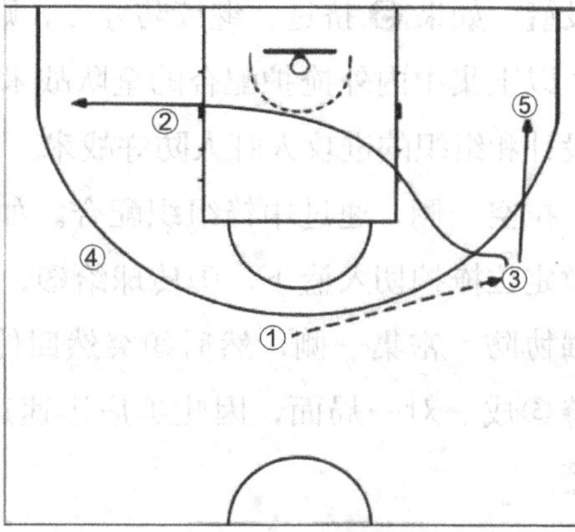

图 4-2-36　传切、策应进攻（四）

内外掩护配合。这是内线队员为外线队员做掩护，或外线队员为内线队员做掩护的一种战术配合，现作为打第三高度的全队战术来叙述。如图 4-2-37 所示，进攻队以“3-2”阵形落位，内线两名进攻队员③与⑤与对方防守队员❸❺高度相仿，实力均衡，而第三高度相差悬殊（2.10m 对 1.90m，或 1.95m 对 1.80m）。进攻开始，利用声东击西的传接球先从右侧进攻，试图从③处打开缺口，突然转移到左侧。此时，内线队员⑤为外线队员④做掩护，④切入篮下进攻，如果❺跟防，与④交换防守，则①可直接传高吊球给④投篮，或①传球给⑤，④在篮下打第三高度。由于❹与④相比，身高相差悬殊，在防守上处于被动局面，那么防守队员势必运用交换防守（图 4-2-38）。当⑤为④做掩护时，❺交换防守④，则高大队员⑤掩护后切入罚球线附近接①的传球投篮。

图 4-2-37　内外掩护配合（一）

图 4-2-38　内外掩护配合（二）

如图 4–2–39 所示，外线队员④跑到内线为⑤做掩护，⑤跑到罚球线附近接球投篮，如果❺挤过，继续防守⑤，则①可将球吊传给切入篮下的④投篮。

以上集中内外掩护配合的全队战术，都是围绕着第三高度、高矮错配的现象而设计和组织的进攻人盯人防守战术。

拉空一侧，通过中锋组织配合。如图 4–2–40 所示，②传球给①后，利用中锋做定位掩护切入篮下，①传球给③，③假做传球给切入的②，使强侧防守队员加强协防，密集一侧，然后③突然回传球给①。由于②跑到强侧，使弱侧位空，中锋⑤成一对一局面，因此①应迅速运球到传球角度最佳位置，传球给中锋⑤投篮。

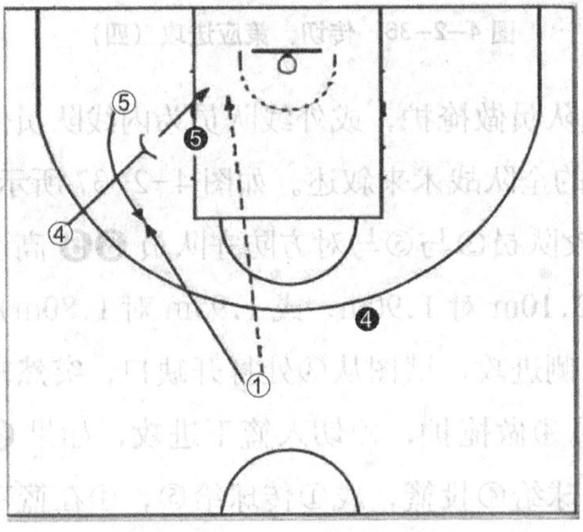

图 4–2–39　内外掩护配合（三）

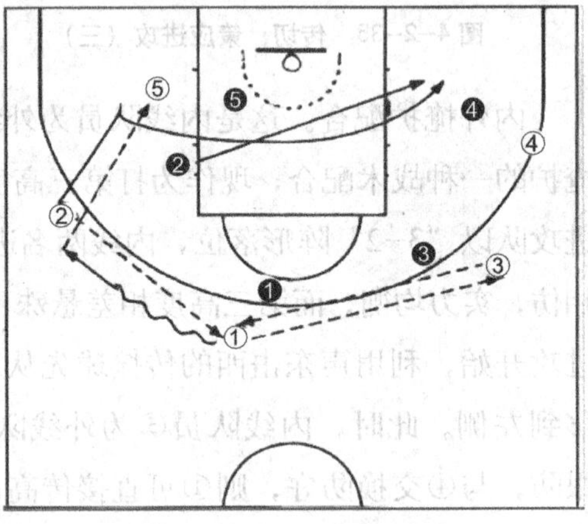

图 4–2–40　内外掩护配合（四）

（二）全场紧逼人盯人防守与进攻

1. 全场紧逼人盯人防守

全场紧逼人盯人防守是现代篮球防守战术中经常使用的防守战术之一，是人盯人防守系统中最具杀伤力和破坏力的战术，是一种攻击性防守战术。在比赛中，当球队由进攻转为防守时，全场紧逼人盯人防守迅速展开。防守队员会立即寻找自己的对手，并紧密盯防对方，不给对手喘息的机会。这种全场范围的盯人防守战术有效地限制了对方的传球选择和进攻空间，迫使对方球员在有限的时间内做出决策，以使对手失误。全场紧逼人盯人防守要求防守队员具备出色的攻守转换意识。他们需要紧贴对手，不断干扰对手的行动，切断无球队员的接球路线。在防守时，他们会采取积极的抢位策略，利用抢球、打球和断球技术来制造对方的失误。此外，防守队员还会运用堵截、夹击、换防、追防和补防等攻击性防守配合，以增加对方的带球撞人、失误和违例的可能性。全场紧逼人盯人防守的目标是破坏对方的有组织进攻，控制比赛的节奏。通过限制对方的进攻选项，防守队员努力争夺控球权，并力图在比赛中取得主动权。

总之，全场紧逼人盯人防守是一种攻击性防守战术，能够有效地打乱对方的进攻节奏、破坏对方的战术，并给对方造成心理压力并利用各种技巧制造对方的失误。

全场紧逼的人盯人防守战术是一种能够充分调动队员积极性的战术，它能够发挥队员速度快、灵活性好的特点，并有效地限制对方在高空的优势。同时，这种战术对于培养队员顽强的拼搏精神、提高身体素质，以及促进技术的全面发展都起着重要的作用。需要注意的是，全场紧逼的人盯人防守战术在整个篮球场上展开激烈的争夺，因此防守面积扩大、防守力量分散，容易出现漏洞，特别是一旦漏人，很难组织集体协防。因此，在使用全场紧逼的人盯人防守战术时，队员要增强防守的责任感，提高全面防守的能力，以及加强全队协同作战的意识都非常重要。

（1）全场紧逼人盯人防守战术的基本要求

①在由进攻转为防守时，整个团队必须保持思想统一，行动协调。每个队员都应以主动出击的气势，迅速找到对手并占据有利的防守位置。在对方投篮得分后，要迅速找到自己负责的防守对象，并寻找夹击机会在边角区域施加压力。

②防守无球队员时，以防止对手接球为主，人球兼顾，要抢前防守，迫使对手走外线和远离球。如对方摆脱或掩护时，必须全力追防或挤过防守，尽量少换防。

③在对持球队员进行防守时，首要任务是防止对方投篮或突破，必须迫使对手将球推向场边，并争取让他们尽早停球。一旦对方停球，应立即贴身防守，迫使其进行远距离传球，以便创造断球的机会。

④要积极封堵对方的传接球和传球路线，特别是要紧逼对方的第一接应人。

⑤要充分利用球场的区、线和时间，利用规则，比如利用 5 秒、10 秒、球回后场等规则，使对方处于被动状态而造成失误、违例，以夺取控球权，加强防守的攻击性。当发球进场之后，要把球向边线挤，防止对方在中路做曲线运球突破，

要堵住中线的策应，防止对方空切直接上篮，防止对方直接将球传到篮下强攻造成本队的犯规。在强迫对方起速以后只允许对方做中远距离投篮，因为对方在高速奔跑中投篮命中率自然会下降，本队拿到篮板球以后就迅速发动快攻。

⑥防守时全队要有良好的配合意识，要照顾全场，与其他的防守战术交替使用。

⑦在紧逼防守中所有队员不能犯规，一旦犯规全场紧逼立即失效，不要企图从别人手中拿到球，而是通过紧逼造成对方恐慌和急躁及传球失误而抢断球打快攻。

(2) 全场紧逼人盯人防守战术的运用时机

全场紧逼人盯人防守战术虽是一种积极主动的攻击性的防御战术，但也有它的弱点。由于是在全场范围内进行的防守，防守的面积大，易被对方选择某一防守弱点作为突破口。如果有人漏防，将会给本队造成被动局面。因此，要根据双方比赛的具体情况，选择合理的运用时机，并尽可能地与其他的防守战术综合运用。一般在下面 5 种情况下使用：

①身材比较矮小，但速度快、灵活性较好的队员，对付身材高大而欠灵活的对手，以摆脱篮下被动局面时。

②突然改变战术，出其不意、攻其不备，需要挽回败局或达到扩大战果的效果。

③对方队员控制球能力和突破能力较差，不善于进攻时。

④对方队员体力较差，为了有意消耗本方体力时。

⑤对付经验不足或对方替补队员力量较弱的队时。

(3) 全场紧逼人盯人防守战术的配合方法

由于全场紧逼人盯人防守战术是在全场范围内与对手展开激烈的对抗与争夺，全场中不同场区的防守任务也有所不同，因此把球场划分为前场、中场和后场三个区域，如图 4-2-41 所示。

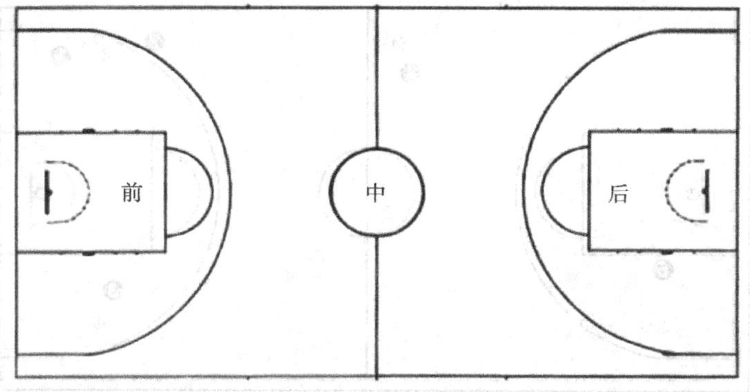

图 4-2-41　全场紧逼防守区域

前场的防守方法。当对方发端线界外球时，有两种紧逼方法。一种是紧逼防守发端线界外球的队员，如图 4-2-42 所示，在对方①跑到端线外准备发端线界外球的时间里，防守队员应该迅速找到自己的对手，选择有利的防守位置，❶要挥动双臂，封堵传球角度，迫使①向边侧传球。❷要切断②中路的接球路线，迫使②向边侧移动。❸也要切断③中路的接球路线，迫使③沿另一侧边线移动。❹在中线附近紧逼④。❺在后场盯住⑤，并注意断①远吊给⑤的长传球。如果①将球传给②③，则❷❸都应堵住中路，迫使对方沿边线运球。另一种是放弃防守发端线界外球的队员，如图 4-2-43 所示，假如②是一名进攻核心队员，❶可以放弃防守掷界外球的①，与❷夹击防守进攻核心队员②，在第一防区就破坏对方组织的进攻。

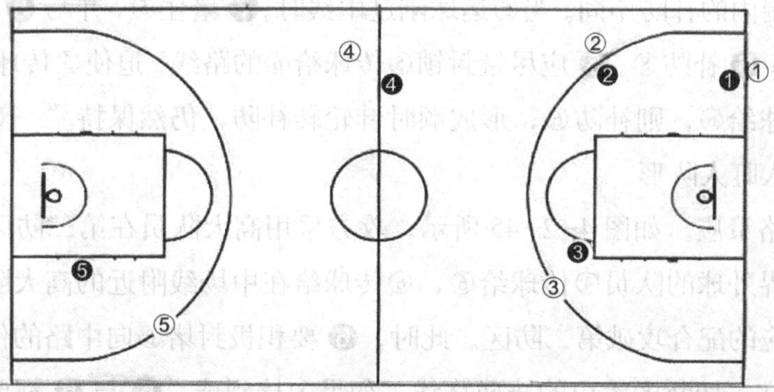

图 4-2-42　前场的防守（一）

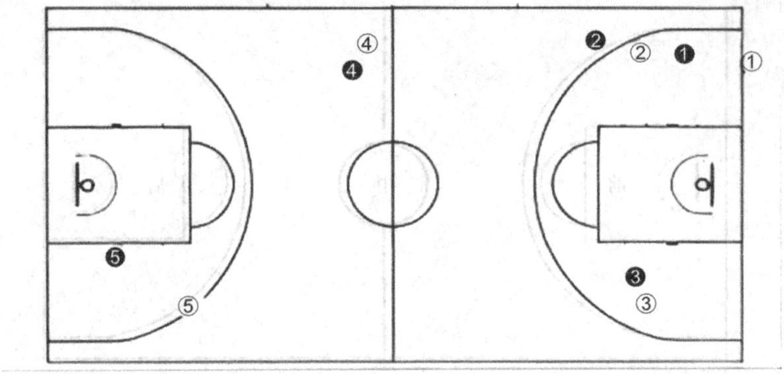

图 4-2-43　前场的防守（二）

当对方在后场边线掷界外球时，一般不紧逼掷球者，而采用上述方法夹击接球队员。当本方投篮不中，对方抢到篮板球后的全场紧逼，应在移动中就地找人，最主要的是要破坏其接应点的传球路线。对抢到篮板球和接应的队员及时紧逼。

中场的防守方法。比赛中往往由于布阵不及时，使第一防区未能守住，但在第一防区紧逼过程中，为中场组织防守队形赢得了时间。第一防区主要利用中线与边线相交的两个死角，开展带有攻击性和诱导对方进入陷阱的夹击防守和轮转补防。

中场夹击与轮转补防。如图 4-2-44 所示，这种中场紧逼盯人与区域紧逼中的一线夹击稍有不同，全场紧逼人盯人防守以“一对一”形式的紧逼固定对手为主，区域紧逼以紧逼不固定的对手、守区盯人为其宗旨，而全场范围内的补防又与半场范围内的补防不同。当⑤运球刚过中线时，❼堵住⑤，并与❺一起夹击⑤，❽补防⑦，❻补防⑧，❺应尽量封锁⑤传球给⑥的路线，迫使⑤传球失误、违例。一旦⑤传球给⑥，则补防⑥，形成顺时针轮转补防，仍然保持“一对一”形式的全场紧逼人盯人队形。

防中路策应。如图 4-2-45 所示，攻方采用高大队员在第二防区的中路策应进攻。掷界外球的队员④传球给⑥，⑥传球给在中场线附近的高大队员⑧，企图用中路策应的配合攻破第二防区。此时，❻要积极封堵⑥向中路的传球路线。❽要错位防守，切断⑧策应的接球路线。如果⑧接到球，❻与❺都要防止⑥与⑤从第一防区向第二、第三防区空切。❼要紧盯⑦，割断这个策应队员再度从第三防区中路策应的接球路线，并要防守他的空切篮下。

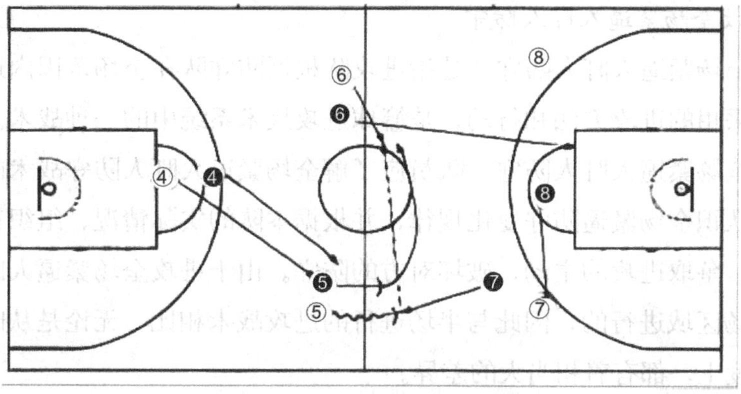

图 4-2-44　中场夹击与轮转补防

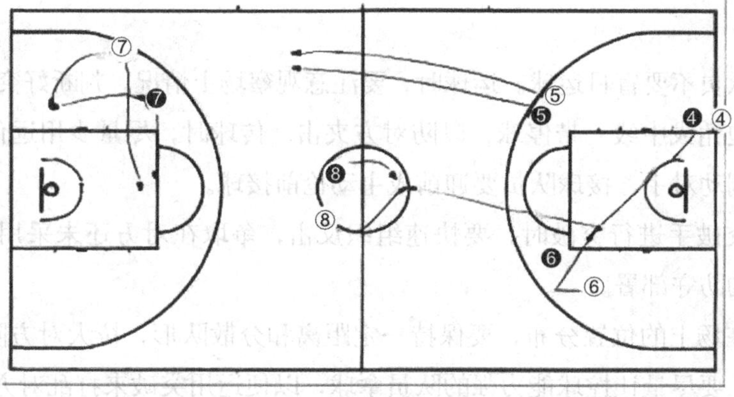

图 4-2-45　防中路策应

后场的防守方法。在全场紧逼人盯人防守中，一旦球进入第三防区，防守队应按照半场紧逼（扩大）人盯人防守的方法进行后场紧逼人盯人防守。如果在一、二区防守时，由于交换盯人、轮转补防出现防守队员中间高矮错配、强弱不均等现象，可以寻找适当的时机进行调整，以巩固第三防区的防守实力。

后场紧逼的防守方法。防守队在前场和中场防守均未成功，进攻队已推进到防守队的后场时，防守队就要根据场上的具体情况采用相应的防守措施，对应队员应积极地封堵，并要积极破坏对方的习惯打法和进攻节奏，不让对方将球传到篮下。要远离远球区的对手，集中在近球区积极争夺，给对方造成心理上的压力，促使其出错，争取获得球权。后场的具体防守方法与半场人盯人防守方法相同。

2. 进攻全场紧逼人盯人防守

进攻全场紧逼人盯人防守，是指进攻队根据防守队在全场范围内进行紧逼人盯人时所采用的进攻方法和行动，是篮球进攻战术系统中的一种战术。为了能有效地攻破全场紧逼人盯人防守，队员应了解全场紧逼人盯人防守战术的基本方法和特点，认识全场紧逼防守变化规律，并根据本队的实际情况，组织有针对性的进攻配合，争取进攻的主动，破坏对方的防守。由于进攻全场紧逼人盯人防守战术是在全场区域进行的，因此与半场进行的进攻战术相比，无论是从时间、空间和战术难度上，都有着相当大的差异。

（1）进攻全场紧逼人盯人防守战术的基本要求

当对方采用全场紧逼人盯人防守时，全队要沉着冷静，思想统一，行动一致，伺机进攻。

持球队员不要盲目运球。运球时，要注意观察场上情况，判断好突破的方向，更不要在边角或中线一带停球，以防对方夹击。传球时，尽量少用远传球，多以快传主动调动对手，接球队员要迎前或主动抢前接球。

组织突破手进行突破时，要快速组织反击，争取在对方还未采用紧逼之前，打乱对方的防守部署。

队员在场上的位置分布，要保持一定距离和分散队形，拉大对方防区，以便各个击破。要尽量让控球能力强的队员拿球，以便运用突破来打乱对方的防守。

战术的组织与配合，力求简练实用。进入前场后应根据攻守双方疏散、落位的情况，迅速落位、布阵，转入阵地进攻。

注意进攻的节奏。无球队员要积极移动，在全场连续进行传切、策应、掩护配合，造成对方在补防、换防时出现漏洞，形成以多打少的优势。

（2）进攻全场紧逼人盯人防守方法

落位阵势。队员的落位是攻击的准备阶段。队员的落位与全队所采用的战术方法是紧密相连的。落位阵势一般有两种类型：

第一种阵式：由守转攻时，全队五名队员集中于后场或扩大到中线一带区域，以便组织固定的进攻配合，并有意造成前场空虚，以便快速突破和偷袭快攻。（图4-2-46、图4-2-47）

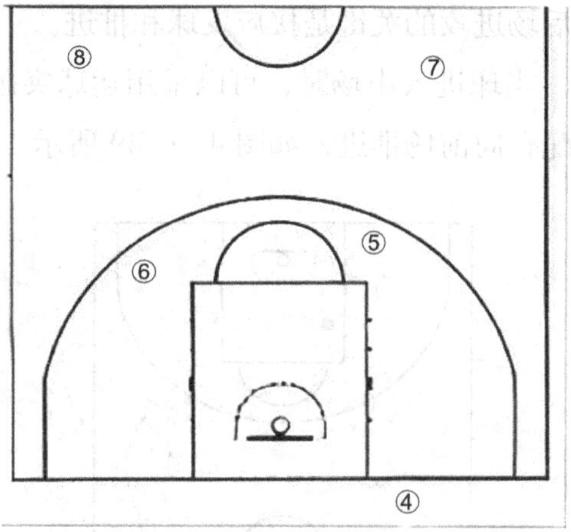

图 4-2-46　进攻全场紧逼（一）

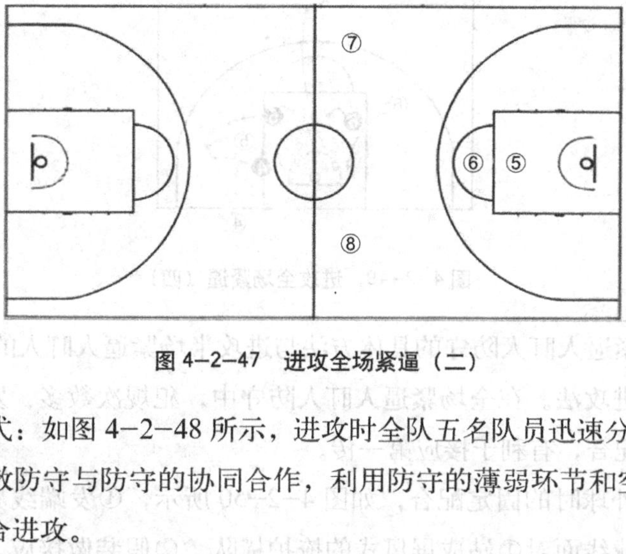

图 4-2-47　进攻全场紧逼（二）

第二种阵式：如图 4-2-48 所示，进攻时全队五名队员迅速分散部署在全场，分割防守，分散防守与防守的协同合作，利用防守的薄弱环节和空当，进行个人战术攻击和配合进攻。

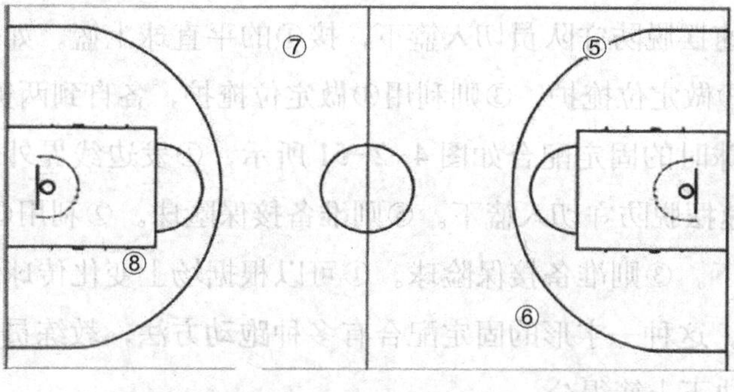

图 4-2-48　进攻全场紧逼（三）

后场进攻方法。后场进攻的关键是接应发球和推进。

中场配合的方法。当球进入中场时，可以采用运球突破进攻法，也可以通过传切、掩护、策应等配合向前场推进，如图 4-2-49 所示。

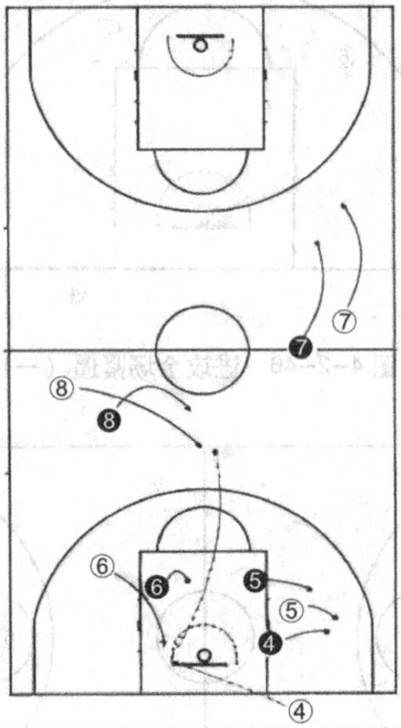

图 4-2-49 进攻全场紧逼（四）

前场进攻紧逼人盯人防守的具体方法与进攻半场紧逼人盯人的方法相同。

固定配合进攻法。在全场紧逼人盯人防守中，犯规次数多、发界外球的次数多，组织固定配合，有利于接应第一传。

发端线界外球时的固定配合，如图 4-2-50 所示，①发端线界外球，③④⑤三名队员在罚球线面对①站成屏风式的掩护横队。②假装做接应，突然利用屏风做定位掩护，快速摆脱防守队员切入篮下，接①的平直球上篮。如果没有远传球机会，⑤利用④③做定位掩护，③则利用④做定位掩护，各自到两侧接应界外球。

发边线界外球时的固定配合如图 4-2-51 所示，①发边线界外球，④利用③做定位掩护，快速摆脱防守切入篮下。⑤则准备接保险球。②利用③做定位掩护，摆脱防守切入篮下。③则准备接保险球。①可以根据场上变化传球给任何一名队员进攻紧逼盯人。这种一字形的固定配合有多种跑动方法，教练员可以训练跑速最快的队员直接快下上篮得分。

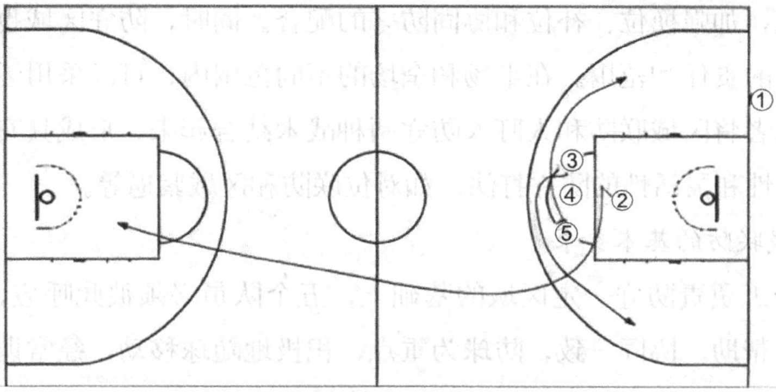

图 4-2-50 发端线球的配合

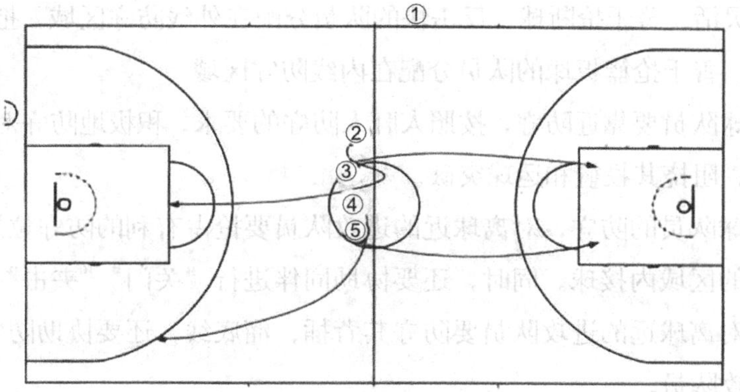

图 4-2-51 发端线球的配合

四、区域联防与进攻区域联防

（一）区域联防

区域联防是篮球中两大防守战术系统之一。具体而言，区域联防是指在球队进攻转为防守时，所有队员快速回到后场，并且根据各自的分工负责防守特定的区域进攻对手。通过这种方式，球队形成了一个系统的防守阵势，并且随着球的移动进行协同移动防守。总而言之，区域联防是一种全队合作的防守战术。

区域联防战术的显著特点在于强调守区、防人防球和保篮。随着现代篮球战术的综合发展，区域联防战术也得到了广泛的改进和完善。举例来说，当进攻队员运球突破、进行空切或溜底线时，防守方会打破区域防守的限制，采用人盯人的防守方式，加强换位、补位和协同防守的配合。同时，防守区域也会扩大，增加共同防守的责任和范围。在半场和全场的不同范围内，可以采用区域联防战术的配合，或者将区域联防和人盯人防守两种战术结合起来，形成具有攻击性、针对性、机动性和灵活性的防守打法，如对位联防和区域紧逼等。

1. 区域联防的基本要求

①在分工负责防守一定区域的基础上，五个队员必须彼此呼应，及时换位、护送，相互帮助，协同一致，防球为重点，积极地随球移动，经常调整位置，做到人球兼顾。根据情况，队员可以换区、越区防守。

②根据区域联防的队形、队员的身高和技术特长，合理地分配队员的防守区域，把快速灵活、善于抢断球、反击快的队员分配在外线防守区域，把身材高大、补防意识强、善于抢篮板球的队员分配在内线防守区域。

③对有球队员要靠近防守，按照人盯人防守的要求，积极地防守对手的投篮、传球和运球，阻挠其投篮和运球突破。

④对无球队员的防守，对离球近的进攻队员要抢占有利的防守位置，减少对手在有威胁的区域内接球。同时，还要协助同伴进行“关门”“夹击”“补位”等防守配合；对离球远的进攻队员要防守其背插、溜底线，还要协助防守篮下有直接威胁的进攻队员。

⑤当进攻队员投篮时，一定要进行“封盖”，并组织好抢篮板球，力争获球由守转攻；当进攻队员采用频繁穿插移动，改变进攻队形时，防守队员不仅要堵截其移动路线，还要针对进攻队形，改变防守队形。

⑥对中锋队员要采取侧前或绕前防守，封锁接球路线，尽可能不让其接球。

2. 区域联防的形式、方法及其变化

(1) 区域联防的形式

区域联防根据五个防守队员所占据的防守位置，组成各种不同的区域联防形式。区域联防具有有针对性地加强某些薄弱环节、队员之间易于协同配合，并能根据进攻的特点变换其他防守阵势的优点。随着实践运用，区域联防的形式、队员位置和防区分布比较均匀，防守机动性较大，适用于防守及正面的进攻。区域联防的常用形式有：“2–1–2”“2–3”“3–2”“1–3–1”和“1–2–2”等。这些形式各有优缺点，在运用中必须加以重视。

（2）区域联防的方法

区域联防战术的方法较多，不同的联防阵势决定了不同的防守配合和方法。

以“2–1–2”区域联防为例。“2–1–2”区域联防的特点：五名队员分布比较均衡，以中间的一名高大队员为中心，把前排两名锋线队员和后排两名卫线队员有机地组成一个能够左右联系、前后呼应、便于相互协作防守的阵形（图 4–2–52）。这种防守阵势，能有效地对付内外线攻击力量较强的队，适用于阻截正面突破和篮下威胁较大而“两腰”攻击力较弱的队，如图 4–2–53 所示，斜线 1、2、3、4 区是防守的薄弱地区。

“2–1–2”区域联防各个位置队员应具备的条件：如图 4–2–54 所示，位于中间的往往要防守对方的中锋，他应是身材高大、善于补位和抢篮板球的队员；突前防守的两名队员应善于抢断球和组织快攻反击，具有快速、灵活的素质；位于后排防守的两名应是身材高大、善于盖帽和抢篮板球、发动快攻的队员。

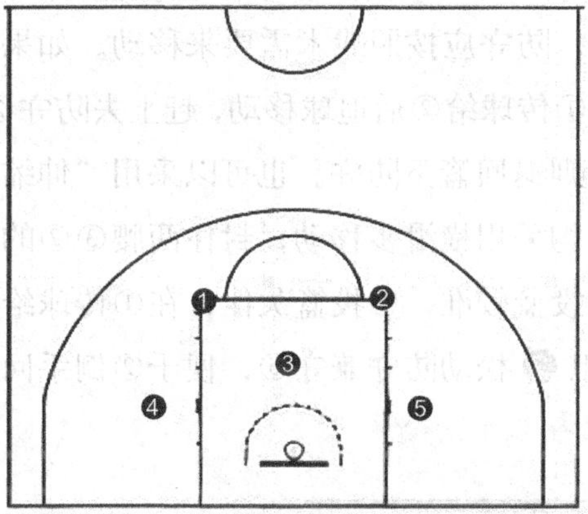

图 4–2–52　“2–1–2”区域联防

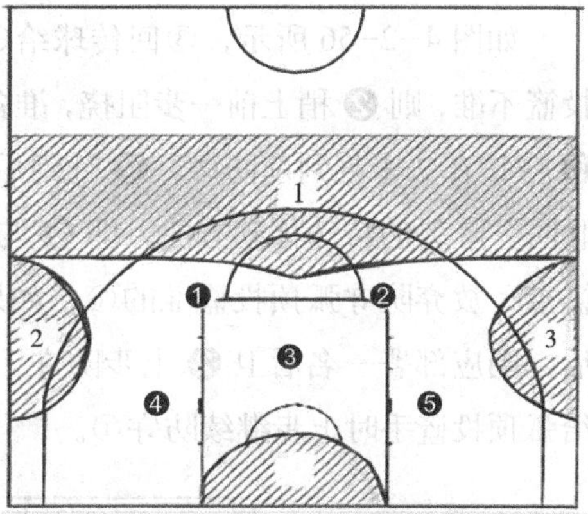

图 4–2–53　“2–1–2”区域联防薄弱区

“2–1–2”区域联防的防守方法如下：

球在正面弧顶时的防守配合。如图 4–2–54 所示，①持球进攻，❷ 应上步防守①，❺ 应上步防守②，❶ 应防守③兼防⑤，❸ 应上步防守外中锋⑤，❹ 防守底线的④。

球在侧面的两腰时的防守配合。如图 4–2–55 所示，①传球给③，❶ 迅速上去防守③。❷ 退回原来位置或协防⑤，以防⑤下移后②背插进攻。❸ 要防止⑤下移接球，设法切断⑤的接球路线。❹ 阻止④接球，❺ 向有球一侧的篮下移动。

运用中，可以抢断③给②的横传球。如果③投篮，❸❹❺在篮下形成三角形包围圈，拦抢篮板球。

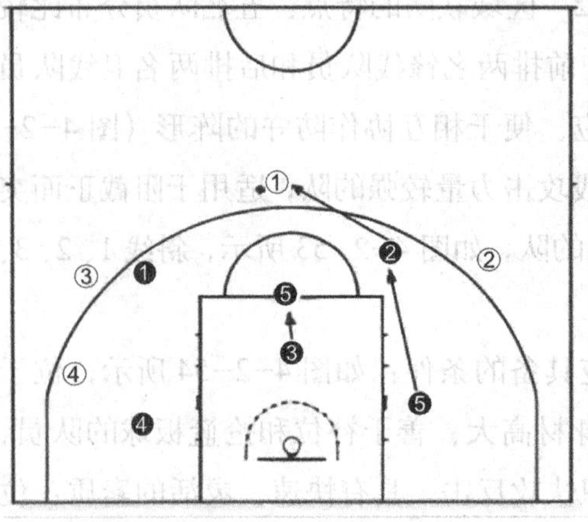

图 4–2–54 “2–1–2”区域联防（一）

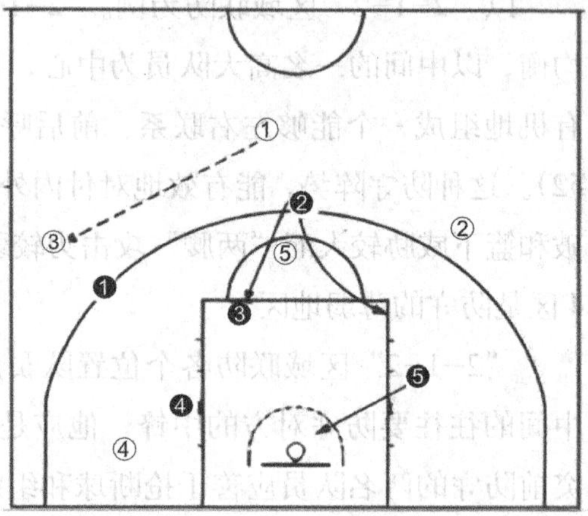

图 4–2–55 “2–1–2”区域联防（二）

如图 4–2–56 所示，③回传球给①时，防守应按照战术需要来移动。如果①投篮不准，则❷稍上前一步阻挠，准备在①传球给②后追球移动，赶上去防守②。❺应该在②未赶到前防②，❷赶到后❺则退回篮下防守。也可以采用“伸缩性联防”阵势的特殊移动方法，即❶与❷均采用横滑步移动，封住两腰③②的投篮点，放弃防守弧顶投篮准的①。如果①投篮较准，②投篮欠佳，在①传球给②后，则应部署一名后卫❷上步防守②，但❷松动防守兼守⑤，便于②倒手回传给弧顶投篮手时上步继续防守①。

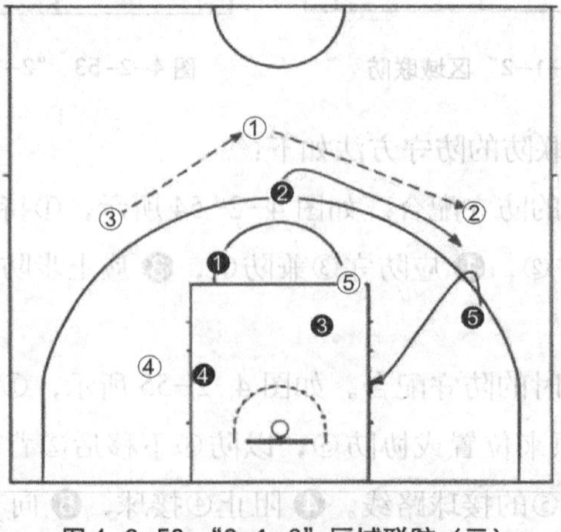

图 4–2–56 “2–1–2”区域联防（三）

球在底角时的防守配合。如图 4–2–57 所示，③传球给底脚④，❹ 上步防守④。为防止④底线突破，❶ 应退后协防。❸ 严密防守，如果⑤在内线接球，则 ❺ 向篮下移动防止②背插。❷ 向限制区中间移动，防止①②插入篮下。

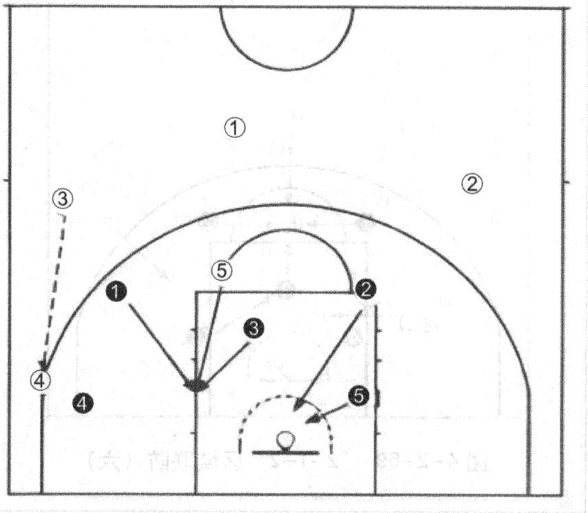

图 4–2–57 "2–1–2"区域联防（四）

（3）防守溜底线的配合

如图 4–2–58 所示，①传球给②，④溜底线向有球一侧切入，❹ 要跟踪防守④。❺ 上步防守②，❺ 等到 ❷ 回来防守②时，再从腰部撤回篮下，防守溜底线过来的④。

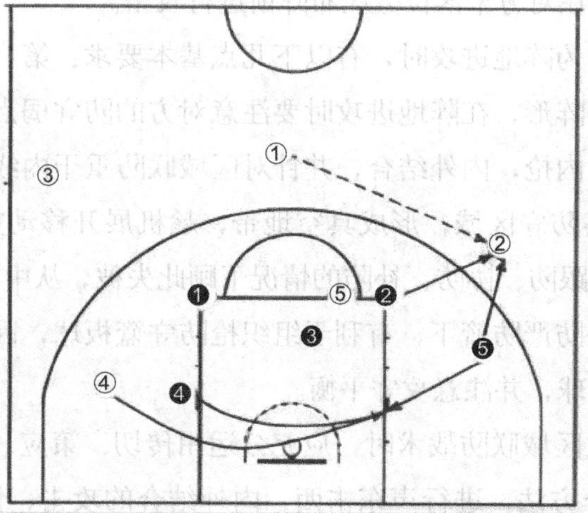

图 4–2–58 "2–1–2"区域联防（五）

(4) 防守外中锋的配合

如图 4-2-59 所示，①传球给外中锋⑤，❸要上步阻止⑤投篮。❶❷协助防守⑤，❹要防止④插入内线，❺防止②切内线，迫使外中锋⑤将球传上线。

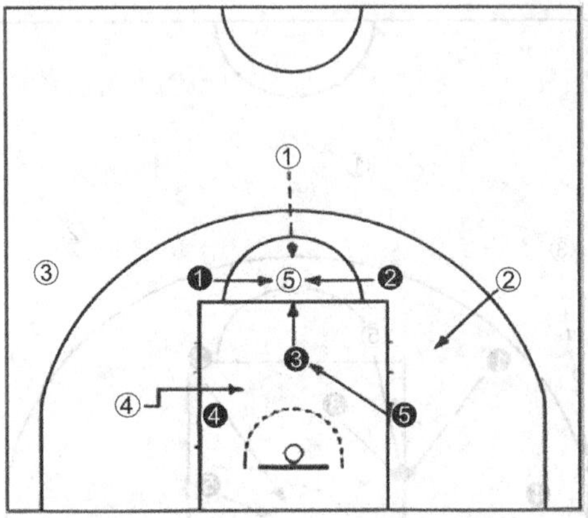

图 4-2-59 “2-1-2”区域联防（六）

（二）进攻区域联防

进攻区域联防是针对区域联防的特点、阵势和变化所采用的进攻方法，是篮球进攻战术系统中的重要组成部分。

1. 进攻区域联防战术的基本要求

①进攻区域联防，关键是以快制胜，不论何时何地获得球权，都应抓住机会，发起快攻，目的是在对方未落位分区布阵前进行攻击。

②快攻不成转为阵地进攻时，有以下几点基本要求：第一，要有针对性较强的进攻区域联防的阵形，在阵地进攻时要注意对方的防守弱点。第二，布置突破口和远投手，外投内抢，内外结合，并针对区域联防重于内线防守的特点，先取外线攻击以扩大其防守区域，形成真空地带，趁机展开移动穿插，投、突攻击，内外结合，使其在跟防、协防、补防的情况下顾此失彼，从中寻找更多攻击机会。

③由于区域联防严防篮下，有利于组织抢防守篮板球，因此在投篮攻击后应组织拼抢进攻篮板球，并注意攻守平衡。

④在组织进攻区域联防战术时，应充分运用传切、策应、溜底线、背插、掩护和运球突破配合方法，进行声东击西、内外结合的攻击，借以打乱防守队形，创造投篮机会。

⑤准确的中距离投篮是进攻区域联防的重要手段。进攻队员应该利用两个防区之间的空隙果断地进行投篮。

2. 进攻区域联防的形式与方法

(1) 进攻区域联防的形式

进攻区域联防的战术队形常用的有以下几种：

“1–2–2”队形，如图 4–2–60 所示。

“1–3–1”队形，如图 4–2–61 所示。

“2–1–2”队形，如图 4–2–62 所示。

“2–3”队形，如图 4–2–63 所示。

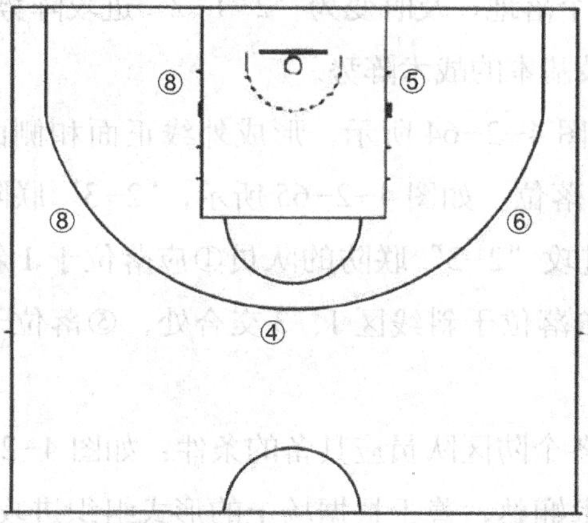

图 4–2–60 “1–2–2”队形

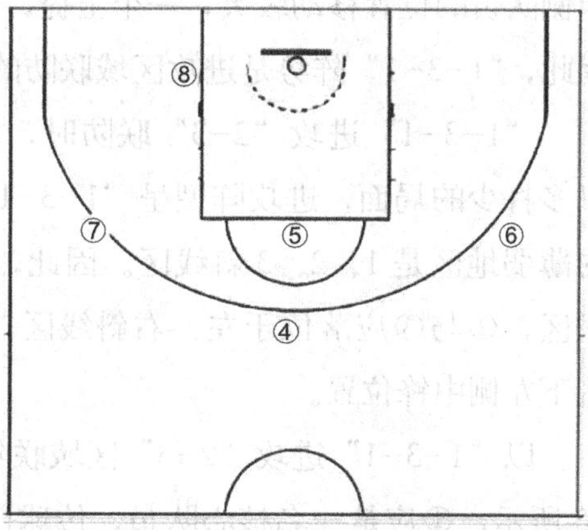

图 4–2–61 “1–3–1”队形

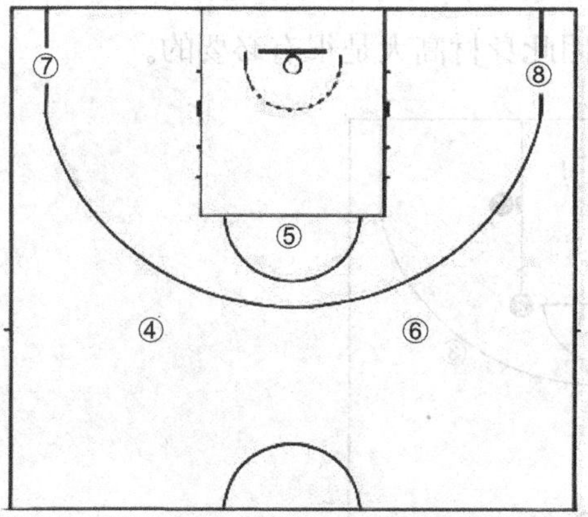

图 4–2–62 “2–1–2”队形

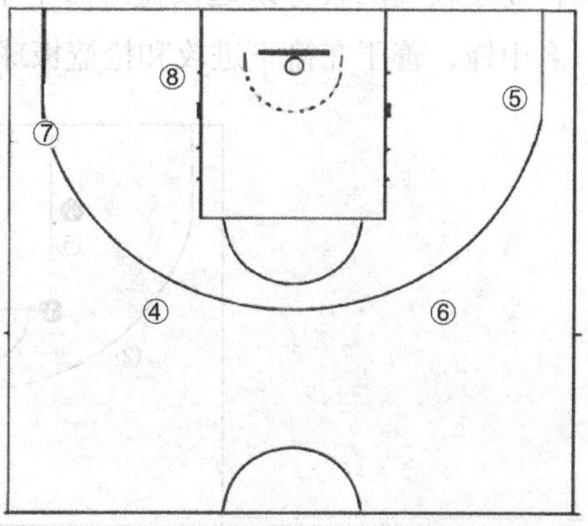

图 4–2–63 “2–3”队形

(2) 进攻区域联防方法

进攻区域联防应全面了解区域联防的特点和防守的一般规律，在抓住不同区域联防形式的薄弱环节的基础上，有针对性地组织进攻。

以“1–3–1”进攻“2–3”联防的方法为例。“1–3–1”进攻阵势，主要针对“2–1–2”和“2–3”区域联防。“1–3–1”进攻战术的基本特点是，外围存在三个以上投篮点，中锋、前锋和高前锋和底线队员内外联系，他们频繁移动，灵活穿插。其目的是在一个区域里形成以多打少的局面，结合两侧进攻队员的背插，大大加重对方在局部地区的负担。“1–3–1”阵势还能较容易地根据防守阵势的改变，灵活地进行战术变化。例如，对方由“2–1–2”联防改变为“1–3–1”联防时，两侧队员的位置移动较大，一个上提，一个落地，及时变为“2–1–2”进攻阵势。因此，“1–3–1”阵势是进攻区域联防的最基本的战术阵势。

“1–3–1”进攻“2–3”联防时，如图 4–2–64 所示，形成外线正面和侧面以多打少的局面，进攻阵型呈“1–3–1”落位。如图 4–2–65 所示，“2–3”联防的薄弱地区是 1、2、3 斜线区。因此，进攻“2–3”联防的队员①应落位于 1 斜线区，②与③应落位于左、右斜线区，④落位于斜线区 1、3 交合处，⑤落位于篮下左侧中锋位置。

以“1–3–1”进攻“2–3”区域联防各个防区队员应具备的条件：如图 4–2–65 所示，①应是一名核心队员，传球技术娴熟，善于根据场上的形式组织进攻。②与③应是两名善于中、远距离投篮和能妙传给内线的得分手。④应是一名外中锋，需要较高的转身跳起投篮的命中率而且善于在罚球线附近进行策应。⑤应是一名中锋，善于在篮下进攻和抢篮板球，因此身材高大是很有必要的。

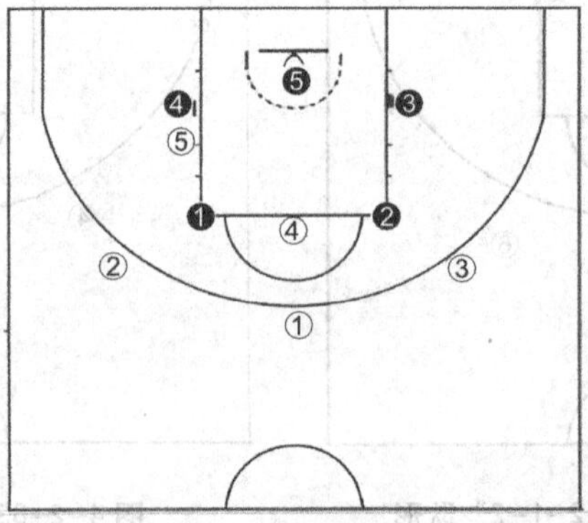

图 4–2–64 “1–3–1”进攻“2–3”联防落位

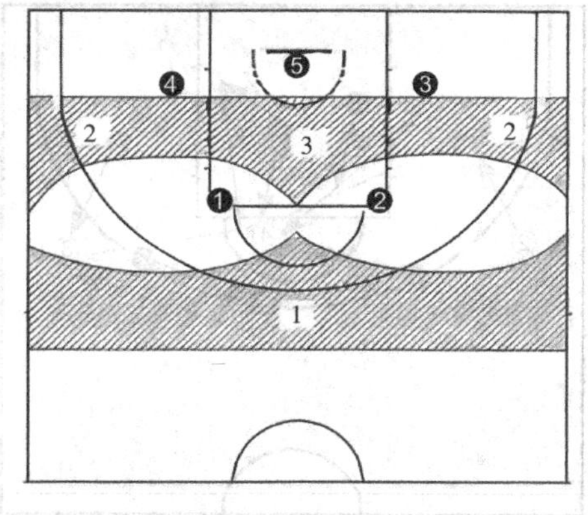

图 4-2-65 “2-3”联防的薄弱环节

“1-3-1”进攻“2-3”区域联防的方法：如图 4-2-66 所示，①与②③在外线倒手传接，迫使防守队员扩大范围，防守队员❸出来防守③。此时，①可以传球给外中锋④，迫使❺上前防守④。“2-3”联防是为了加强篮下防守而设计的阵势，通过外线频繁传球，把两名防守篮下的❺❸都调动出来，迫使“2-3”联防，向“2-1-2”或“3-2”阵形转化。把高大防守队员调离篮下，这就给⑤创造了篮下进攻的机会，于是善于中投与传内线球的③，可传球给防守薄弱地区的⑤投篮。

如图 4-2-67 所示，①瞄篮时❷上步防守，则①传球给③。③瞄篮时❸势必要上来防守③，外中锋④就可以插入新出现的防守薄弱地区进攻。如果❺跟防④，则内中锋⑤可以插入新的防守薄弱地区进攻；如果❹跟防⑤，则②可切向④移动后出现的新薄弱区，接③的平吊球，较顺利地投篮。

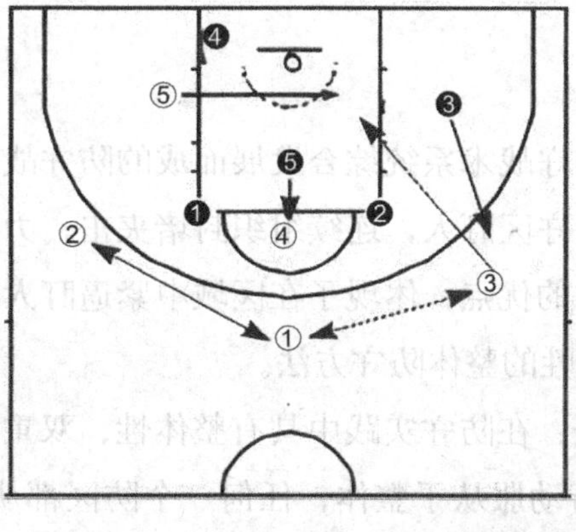

图 4-2-66 “1-3-1”进攻“2-3”联防（一）

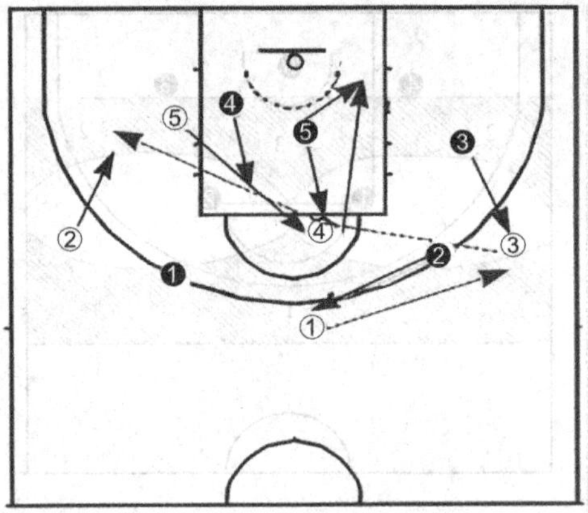

图 4–2–67 “1–3–1”进攻“2–3”联防（二）

以上是“1–3–1”进攻区域联防比较典型的方法。一般来讲，进攻区域联防经常运用“以双对单”“以单对双”落位于各种区域联防薄弱区的方法，利用外线进攻，连续地向新出现的薄弱区移动，迫使防守扩大而攻取内线，或加强内线进攻，迫使防守缩小防区而攻其外线。在不断调动防守队员扩大防守或缩小防守的情况下，迫使防守队的阵形发生较大变化，即迫使防守“变阵”，攻其薄弱的、不擅长的防守阵形，就会取得良好的进攻效果。应用这种“以双对单”“以单对双”的方法进攻单数突前和双数突前防守的各种区域联防，在方法上大致雷同。一个队如果较熟练地掌握了一套基本的、主要的进攻战术方法，就可以在运用中举一反三。

五、区域紧逼与进攻区域紧逼

（一）区域紧逼

区域紧逼是两大防守战术系统综合发展而成的防守战术系统。防守队按预定的战术阵势分区落位，守区盯人，连续组织封堵夹击，力争获得控球权。它具有区域联防和人盯人防守的优点，体现了在区域中紧逼盯人，在紧逼盯人中守区的战术，是一种富有攻击性的整体防守方法。

区域紧逼的特点是：在防守实践中具有整体性、双重性和攻击性。整体性表现在队员的个人防守行动服从于整体，任何一个防区都从属于全场范围的防守，即既有分区界线和任务，又有区区相连形成整体区域防守。因此，训练时必须加强队员整体行动意识的培养；双重性表现在既要在区域中盯人，又要在盯人中守区，即要更好地完成区域紧逼的双重防守任务，队员必须具备个人防守和协同防守两重意识和能力；攻击性表现在积极主动地在全场展开争夺，争取时间，控制比赛节奏，展开紧逼、追防、夹击和抢断等攻击行动。

区域紧逼的缺点是：由于落位部署需要一定的时间，因此不能及时影响攻守转换意识强的队的攻势，也不利于控制对方有组织地抢篮板球发动反击的速度。

1. 区域紧逼的基本要求

①防守时必须遵循“守区盯人兼顾”的原则，要求由攻转守时，全队积极移动，控制中取，逼走边角，快速出击，迅速按区落位，展开紧逼行动。

②在防守中要根据球的转移，保持“防球为主、兼顾盯人”的原则，近球区以多防少，远球区以少防多。

③在全队防守中，处于前线的防守队员，对有球队员要积极紧逼，堵中放边，迫使对方边角停球，形成追堵夹封的攻击性防守。在前场防守时，如果球向后场传并已经越过自己的防区时，不论原来分工的防区有无对手，都要以最快的速度、最短的路线向后场回防，使球处于自己的前方，轮转补位，伺机抢断。

④处于后线的防守队员，要根据前线有球队员的行动，对自己防区的进攻队员错位防守，注意堵截、夹击和抢断球。

2. 区域紧逼的基本阵势与方法

根据区域紧逼防守范围和落位队形的不同组合，构成防守重点不同的战术阵势，主要有“1−2−1−1”（图4−2−68）、“1−2−2”（图4−2−69）、“2−2−1”（图4−2−70）和“2−1−2”（图4−2−71）等。根据比赛需要和本队的条件，区域紧逼防守可以分为全场区域紧逼、四分之三区域紧逼和半场区域紧逼。

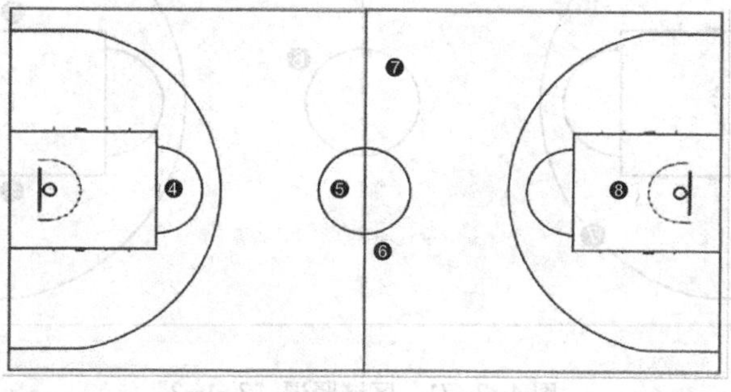

图4−2−68　区域紧逼“1−2−1−1”

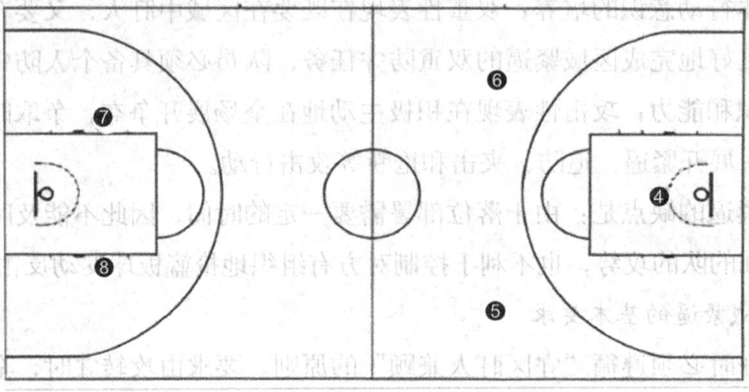

图 4-2-69 区域紧逼“1-2-2”

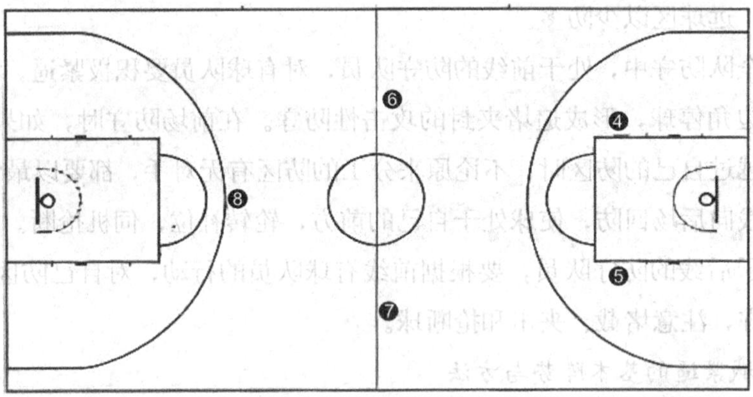

图 4-2-70 区域紧逼“2-2-1”

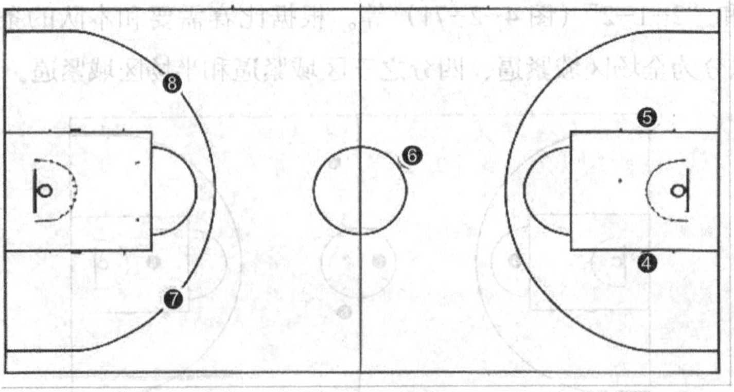

图 4-2-71 区域紧逼“2-1-2”

（1）区域紧逼防守方法

以全场紧逼“1–2–1–1”阵形为例：

防守的落位。全场区域紧逼防守时，每名队员必须首先按照所采用的防守阵势迅速落位，注意进入自己区域的进攻队员，以便开展区域中盯人、盯人中守区的防守配合。

明确防守任务与分区分工。如图 4–2–72 所示，❹❺❻❼❽ 站成“1–2–1–1”阵势，❹ 得防区最靠前，离球最近，处于第一线。❺ 与 ❻ 守住两翼，落位于 ❹ 的后面。❼ 守住中场，落位于中圈附近，❽ 看家，离球最远。所有队员都落位于自己的防区，守住进入自己防区的对手。

队员（个人）的防守。根据全场区域紧逼防守的一般规律，每名队员的防守方法如下：如图 4–2–73 所示，❹ 处于第一线，由攻转守时，要立即抢占最前的中区，根据不同的防守任务，一是紧逼发端线界外球的队员，迫使他把球传向有利于夹击的边侧；二是紧逼接球队员，并与 ❺ 围守夹击④，切断其接球路线，如果④在边上接到球，❹ 则与 ❺ 夹击之。❺ 的防守任务是阻止④接球，或当④接到球时与 ❹ 夹击之，如果④向前运球突破，则紧紧地追防。当 ❼ 在中场堵住④的运球或迫使其停止运球时，❺ 与 ❼ 要在中场附近“死角”对④进行夹击。❻ 堵截⑤的移动路线，切断其接应点，或当 ❽ 向有球一侧移动时，退回后场补位防守。❽ 阻止⑥或⑦的接应，或与 ❺ 夹击④，或与 ❻ 夹击⑤。❺ 与 ❻ 处于两翼，由攻转守时，其防守任务是立即抢占各自的半个虚线区域，并与 ❹ 保持三角形队形，努力协助 ❹ 阻止④或⑤接球，或与 ❹ 夹击接球者；如果④或⑤接到球时，则应迫使其沿边线死角运球，不让他向中间突破，以便与中场的 ❽ 进行夹击。当球已沿边线一侧推进时，另一侧的防守队员应迅速退回后场，协助后线队员防守篮下。❼ 处于中场区域，由攻转守时，其防守任务是控制中场虚线区域，抢断传球，并与两翼 ❺❻ 保持三角形队形，堵截中场区域的运球，或与 ❺ 夹击④，或与 ❻ 夹击⑤。一旦球越过中场，当后场 ❽ 补防时，❼ 应退回后场协助篮下。❽ 处于后线，离球最远，由攻转守时，其防守任务是控制后场虚线区域，抢断长传球。由于后线防守，往往要以少防多，故 ❽ 应以防守篮下为主。

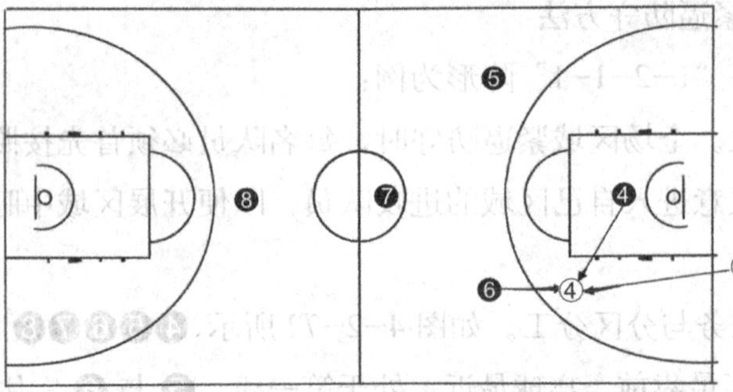

图 4-2-72　区域紧逼“1-2-1-1”落位

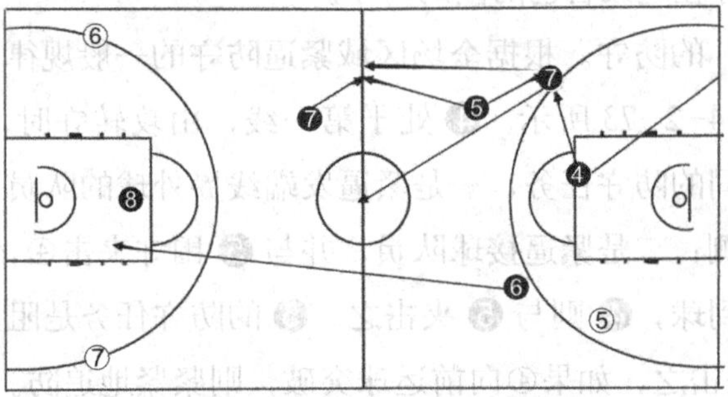

图 4-2-73　区域紧逼“1-2-1-1”队员防守

全队的防守。全场区域紧逼，一般可分为前、中、后场三段区域进行防守。球在不同区域，全队防守有着不同的要求。

球在前区时。当对方在端线掷界外球成掷球入场时，分队要做到“以势压人”，给对方以心理压力，造成紧张和慌乱，要全队统一起来，主动出击，迅速落位，积极滑步，控制防区，紧紧防住进入自己防区的对手，阻止球轻易越过自己的防区，以“逼球”“夺球”为目的。紧逼有球队员，逼他按照防守的意图运球推进和传球，控制球的走向和速度，打乱对方习惯的进攻部署；抓住时机组织邻近同伴进行夹击，近球区的防守队员要与持球者的防守队员形成组合进行夹击，封堵传球路线，其他队员要积极错位防守，切断接应路线。要做到近球区紧逼，阻止接球；远球区松动，给持球者以“空当”的假象，让他们远传高吊球，以便伺机断球。

球在中场时。这种情况下主要是对有球队员向前推进时的防守。要求全队做到逼向边线，堵住中路，迫使持球队员朝边线运球。对无球队员要抢步、错位防守，防止其插入中区接应。轮转换位，防止传球到底角。当对方突破一线防守时，全队要向球的方向进行轮转补位防守，并防止持球者向对面底角或篮下空当处传球。球在二线时的防守任务，如图 4–2–74 所示，主要由 ❼❺ 来完成，❹ 和 ❻ 要及时轮转补位，做好协防。当④运球时，❺ 要尽力逼迫他沿边线推进，不让他向中路变向。❼ 要及时果断地移向中线边角，迎堵④并迫使其停球，以便与 ❺ 进行夹击。此时，❽ 要抢占⑥的侧前方，控制其接④的传球。④开始运球时，❹ 和 ❻ 要及时以最快的速度退防篮下和到三线进行协防，防止持球者进行远传球。

球在后区时。当进攻队把球推进到后区时，由于防守人数不同和球的位置不同，防守要求也不一样。

以少防多：在后场的两名防守队员，经常以“1–1”落位在后场罚球弧圈顶和篮下，如图 4–2–75 所示，当球已越过中线时，两人往往以少防多。在二防三时，❼ 要迎堵⑧的运球，降低其运球速度。如果⑧传球给⑥，则 ❽ 防守⑥，❼ 向篮下移动，拖延进攻的投篮时机（一是要以少防多，二是拖延进攻时间），让同伴 ❻ 追防。如能阻止对方快攻，则再转入阵地防守。

利用底角进行夹击：当球进入底角时，如图 4–2–76 所示，后区防守队员可以组织夹击，球在左侧底角进攻队员⑦手上时，❼ 要阻止其底线突破，❽ 要错位防守⑧，❻ 要协防篮下，暂时放弃离球最远的⑥，全体防守朝持球者 ❼ 作顺时针方向的轮转移动。❹ 果断地放弃对④的防守，下去夹击⑦，迫使⑦传高吊球给同伴。❺ 向夹击方向移动，准备断⑦传给④的高吊球。⑥埋伏在断球路线上，随时准备断⑦传给⑥的高吊球，并注意协防中锋，打掉⑦吊传给中锋⑧的高吊球（图 4–2–77）。当球在右侧底角时，要求同上。

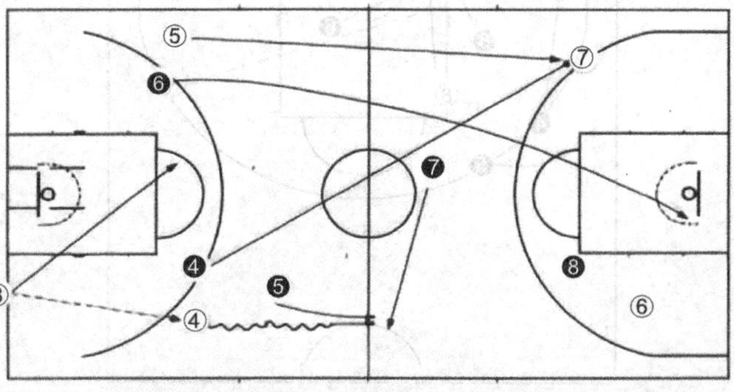

图 4–2–74　区域紧逼全队防守

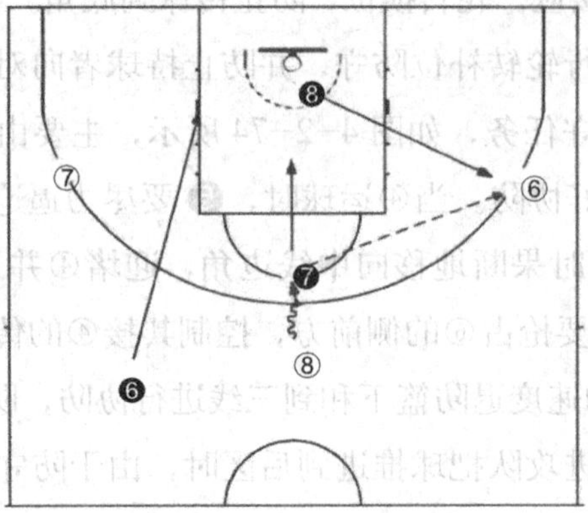

图 4-2-75 区域紧逼后防快攻

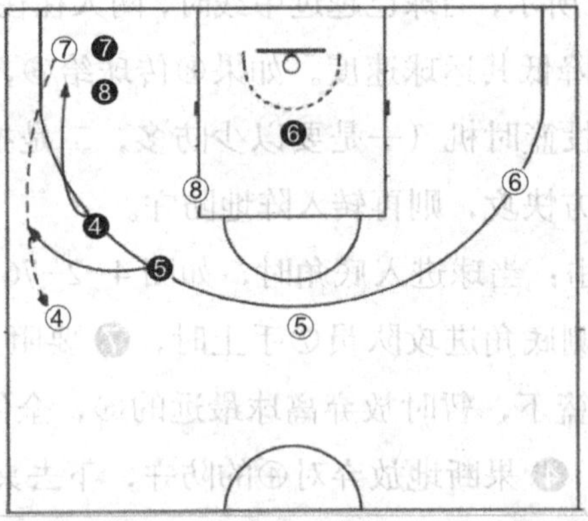

图 4-2-76 区域紧逼底角夹击（一）

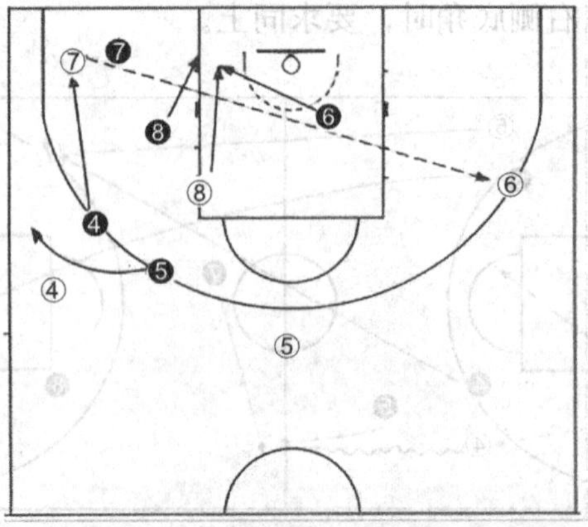

图 4-2-77 区域紧逼底角夹击（二）

(2) 半场区域紧逼

在后半场范围内，也可以组织各种类型的半场区域紧逼。半场区域紧逼的主要阵形有以下四种："1−2−2"形，"1−3−1"形，"2−1−2"形和"2−2−1"形。

（二）进攻区域紧逼

进攻区域紧逼是针对区域紧逼的特点所采用的一种进攻战术。随着区域紧逼防守的出现，进攻区域紧逼经过多年的实践、改选和发展，已由主要依靠个人运球突破推进逐步形成了快速三角推进、回传跟进、弱侧反跑、中区策应和突分接应等配合打法，并逐渐完善、形成了一套完整有效的进攻区域紧逼的方法。

1. 进攻区域紧逼的基本要求

根据区域紧逼战术"逼球边路，缩小防区"的防守策略，进攻区域紧逼防守可采取"以快制逼，中路突破"的对策，采取相应的回传跟进、转移攻向、运球反跑、中区策应、组织空切等方法进攻。进攻区域紧逼首先要沉着冷静，不要被对方的紧逼声势所压倒，掌握好进攻节奏，减少失误；由守转攻时，要争取在对方队员到落位区展开堵截之前发动反击快攻，多运用短而快的传球，尽量减少长传球和高吊球；要少运球，特别是少向边角运球，更忌在边角停球；传球后要迅速移动选位，以利再次接球后进行配合。

2. 进攻区域紧逼的基本阵势与方法

进攻区域紧逼战术按进攻区域的大小不同，可分为进攻全场区域紧逼、进攻3/4紧逼和进攻半场紧逼类型的战术，针对防守的各种阵势，可采用"1−2−1−1""1−2−2""1−1−2−1"和"2−1−2"等各种不同落位阵势的进攻方法。进攻区域紧逼通常用快速转移球展开进攻的方法，即在对方尚未形成区域紧逼阵势前，以快速地越区传球来攻破之。

进攻"1−2−1−1"全场区域紧逼，如图4−2−78所示。进攻队员④往往是最靠近篮下的中锋，一般让他发界外球，⑤应是控制球和支配球能力最强的核心后卫，⑥是一名后卫，⑧是一名快下的前锋，⑦是一名高前锋。当对方投篮得分后，④快速拿球跑到界外去发球。⑤在接界外球前已观察好前场进攻形势，争取在守方尚未落位、布阵就绪时抢接界外球，争取第二次传球就能越过二线防区。如果二线防守队员❼落位靠前，阻止接球，则争取第二传就超越中线，⑤直接传球给超越过中线的⑥，⑥传给场角的⑧投篮，⑦跟进抢篮板球。如果二线防守队员阻止接球，则三线❽处于一防二位置，⑤可以传快速的平吊球给⑦或⑧攻破区域紧逼。这种快速的平吊传球进攻法是一种攻破全场区域紧逼威力较大的一种方法。

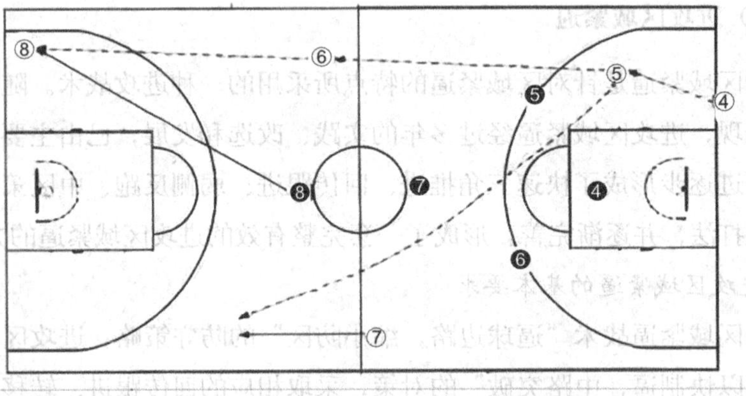

图 4–2–78　进攻“1–2–1–1”全场区域紧逼

另一种传球进攻法，即在进攻区域紧逼时，采用稳健传球、不丢球、不断改变进攻节奏的方法来寻找薄弱区域、单人队线和突破口来击溃防守。

进攻“2–2–1”全场区域紧逼，如图 4–2–79 所示。“2–2–1”全场区域紧逼，前场、中场有四名防守队员，后场只有一名队员防守，而前四名队员往往以“2–2”落位，中间有空隙，后线空虚。针对“2–2–1”防守阵型，部署“1–2–2”进攻阵型。在后场部署两名进攻队员，并以三角形站位来对付前场的两名防守队员（图 4–2–80）。⑤发端线界外球后，迅速插到后场右侧❷的位置处，形成三角形的三打二传球队形。②接到界外球后不轻易运球，这就使防守队员❷进退两难，如果他上步紧逼②，则②可稳当地传球给⑤；如果他不让进入一线右侧的⑤接球，则②可传球插入中间空隙地区的策应队员③。此时，一线已被越区传球所攻破，处于一线的进攻队员①和⑤可以快下，进入中场、前场，中场进攻队员④可以朝前场篮下快下。进攻队员②留在后场，万一不能朝前推进，他可留在后面接保险球。当策应队员③接球时，中场防守队员❸上来防守他，则中场左翼已出现空隙，后场❺不会轻易到中场补位。此外，策应队员③可以利用双手头上传球给快下中、前场的①，如果后场防守队员❶对③进行夹击，则可以运球下篮；如果前场❺阻止，则①可以传给④上篮。

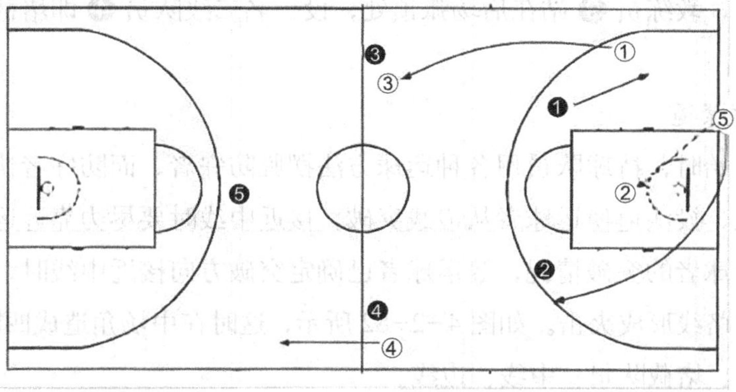

图 4-2-79　进攻“2-2-1”全场区域紧逼（一）

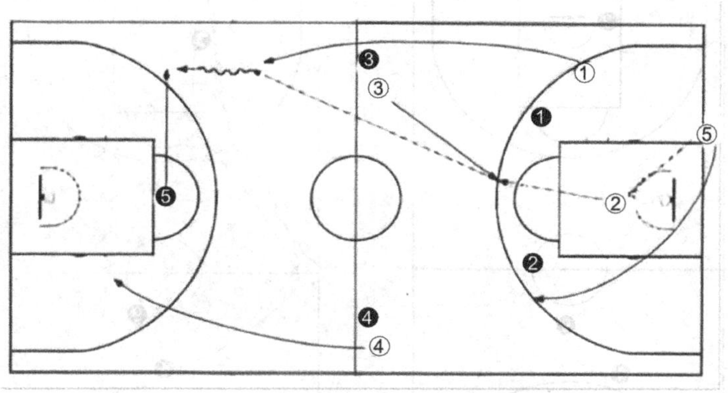

图 4-2-80　进攻“2-2-1”全场区域紧逼（二）

（三）区域紧逼的训练

区域紧逼防守，作为一种结合盯人和联防的综合防守战术，以显著的防守效果和很强的攻击性获得了很多教练的重视。但区域紧逼防守，对全队的战术素养和战术协同的要求非常高，常常是长时间的训练也很难取得预期的效果。

这里介绍一种由徐国富教授提出的、高效的区域紧逼防守训练方法。徐教授通过全场区域紧逼防守新方法的训练，全面增强了高校男子篮球队的攻防意识及技术、战术水平，在比赛中给进攻造成了极大的威胁，加快了攻防节奏，使对方在打法及体力上不能适应。

1. 练习准备

如图 4-2-81 所示，队员排好队站在底线处，队员①运球突破，队员❸防守，即领防队员，教练员❾站在后场弧顶处，设一名二线队员❹即堵截队员站在罚球线前。

2. 区域紧逼

练习开始时，持球队员用各种运球方法摆脱防守者，而防守者快速移动，采用堵中放边，设法迫使运球者从边线突破，接近中线时要尽力靠近运球者；二线队员观察运球者的突破情况，等运球者已确定突破方向接近中线时，快速起动上前堵截突破路线形成夹击。如图 4–2–82 所示，这时在中场角造成四防一的局面，即领防队员、堵截队员、中线、边线。

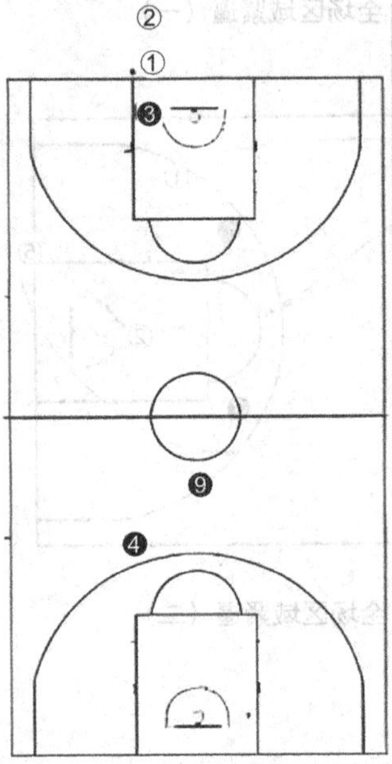

图 4–2–81　区域紧逼练习图

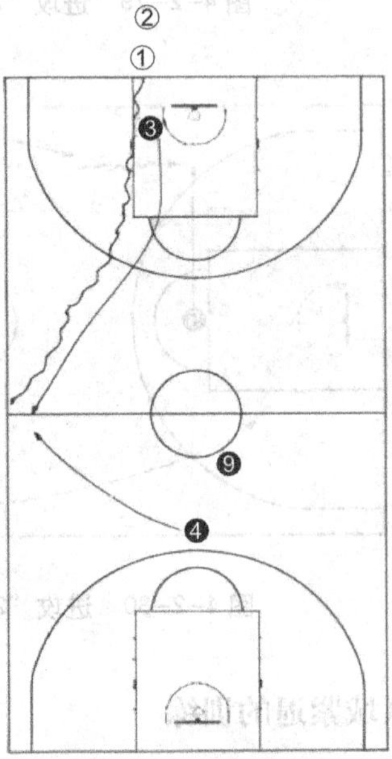

图 4–2–82　区域紧逼练习夹防图

领防队员和堵截队员随着持球者的传球动向，快速挥动手臂，使持球者很难把球准确地传给同伴，造成持球 5 秒违例或传球失误。防守者切记不要犯规。

3. 攻防转换

持球者将球设法传给教练员，传球后变为下一轮练习的防守夹防队员。当教练员接球刹那间，领防队员后转身，成为一线快攻队员，快速起动反击，接教练员长传球上篮，原二线堵截队员，转变为二线快攻队员，快速紧跟原领防队员，此时注意接回传球篮，同时注意抢篮板球，要求球不能落地，如图 4–2–83 所示。

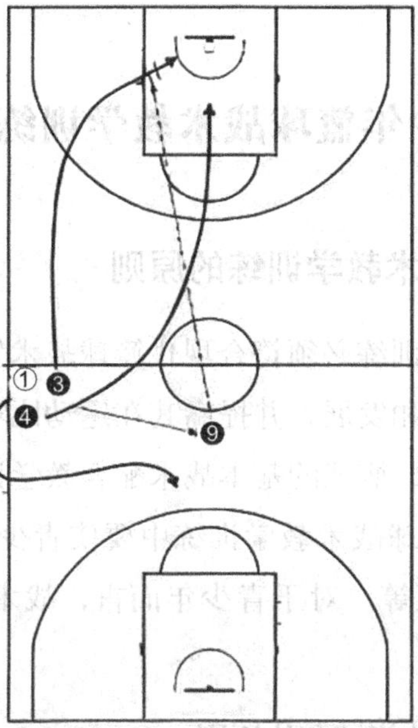

图 4-2-83 区域紧逼练习反击图

4. 循环练习

二线队员抢到篮板球后，传给篮下等待的下一名队员。二线队员在传球后，立刻成为下一轮练习中的一线领防队员，防守持球队员的突破，第二组开始，以此类推。

这一练习从防守到反击，从进攻变为防守，并反击拼抢篮板球，再进行防守领防，领防后再转身反击快攻接球上篮。

这一攻守转换综合练习方法的特点是：练习强度大，变化速度快，要求速度耐力好，结合实战，应用紧密，领防、堵截配合默契，是以小打大进行全场争夺的极好训练方法。通过此方法训练，充分调动了练习者的积极性，对提高运动员的身体素质、紧逼夹击战术意识及技术水平可起到积极作用。

第三节　青少年篮球战术教学训练的原则与方法

一、青少年篮球战术教学训练的原则

现代篮球战术的教学训练必须符合现代篮球战术发展的方向，促进青少年战术思想、战术意识的形成和发展，并提高其在运动比赛中对各项战术的实践和运用能力。对于青少年而言，篮球的基本战术配合教学训练内容包括两三人的基础配合和全队配合等。在篮球战术教学训练中要使青少年了解人与球移动的路线、攻击点、运用时机及变化等。对于青少年而言，战术教学训练应遵循以下四个原则。

（一）长远性与近期性相结合的原则

篮球队的战术打法的选择和设计要与本队长远的奋斗目标、指导思想联系起来，与阶段性、年度性的训练计划和近期的比赛任务联系起来，促进战术风格和打法的逐步实现。

（二）针对性与优化性相结合的原则

在设计相应的战术时，应有一定的目标，既要考虑攻防，还要使得自身的短处能够得到一定程度的弥补，做到“以己之长，攻彼之短”；既要使得各队员的优势得到发挥，还要能够有效制约对方，使得团队成员之间具有良好的配合度。

（三）原则性与机动性相结合的原则

原则性是指在比赛中，球队战术的变化都要以本队的战术打法为主，在此基础上进行灵活的应变。机动性则是指要发挥队员在比赛中的主观能动性，根据比赛中的实际情况来完成相应的战术任务。机动作战要求队员之间相互协作配合，并非个人随心所欲，需要融入战术的原则性之中，以求实效。

（四）连续性与均衡性相结合的原则

所谓连续性，就是要求在设计篮球战术打法时，从整个比赛攻守动态的过程进

行分析和考虑。例如，从篮球战术攻守过程的整体出发，在战术开始到结束的转换过程中，关于队员位置的分布与移动的原则、各个环节之间的关系、强侧与弱侧、内线与外线、快与慢等，都要注意攻守的相对平衡，以便于转化；同时，还需要注意战术的衔接和变化，以及战术在具体实施中的连续性，使战术合理有序进行。

二、青少年篮球战术教学训练的方法

（一）建立战术概念和掌握战术配合方法

1. 建立战术概念的方法

要想建立完整的战术概念，需要从以下两个方面入手：

第一，教师要对具体战术的概念、特点、运用目的、攻守战术之间的矛盾关系等进行讲解，以此来使青少年初步了解篮球的战术概念。

第二，教师要讲解并演示篮球战术的落位阵型、配合方法，配合顺序、移动路线、队员职责、协同行动、变化规律等，以此使青少年对所学战术的组织形式和战术方法有一定的了解和认识，进而建立完整的战术概念。

教师在讲解和演示篮球战术时，可以通过相应的教学手段来进行教学，比如常用的图示、沙盘、电影、录像等，使青少年得到直观的知识传授。另外，也可在球场上假设攻守方式，让青少年在实践中体会战术阵型、位置分工、配合方法、移动路线等，从而对青少年的战术思想和战术意识进行有针对性的培养。

2. 掌握全面的战术方法

战术方法的运用在一定程度上影响着教学训练效果，因此掌握全面的战术方法，并根据实际情况和需要进行有针对性的选择和运用，才能够取得理想的战术运用效果。

(1) 局部战术教学方法

掌握全队战术的重要前提就是对局部战术的掌握。篮球教学训练实践中，教师应以全队战术发展的一般规律为主要依据，把全队战术分解为几个阶段或几个部分，有序地进行重点教学。如学习快攻战术，可以把短传快攻分为发动、接应、推进和结束四个阶段，然后对这四个阶段分别进行局部战术教学。进行局部战术教学，不仅能够使战术的连续性得到有力的保证，而且还能够使战术中的局部问题得到解决，为学生掌握全队战术奠定坚实的基础。局部战术的教学训练要注意局部与局部之间的衔接。

(2) 全队战术教学方法

在局部战术配合的基础上，要对全队战术有一定的掌握。篮球教学训练实践中要能够以全队战术要求为依据进行，从消极攻守对抗到积极攻守对抗，对全队战术的配合方法进行较为全面的掌握。

全队战术对青少年的个人技术、局部配合能力、战术意识的要求都相对较高，因此对青少年在学习中出现的问题要及时地、有针对性地解决，从而使全队战术的质量得到有效的提高。

（二）提高青少年攻守转换和综合运用战术能力的方法

在篮球战术教学训练中，青少年在掌握两个或两个以上的全队攻守战术方法后，就要求教师组织青少年开始攻守转换结合起来的战术组合进行练习，从而达到攻守转换的能力和综合运用战术的能力得到有效提高的目的。

1. 攻守转换意识和能力的培养方法

在篮球训练中，要根据进攻和防守的不同情况和时机，选择相应的方式来应对，以此来提高攻守转换能力。赛场的攻守转换必须迅速、流畅。

进行攻守转换练习时，可先组织二攻二守、三攻三守、四攻四守，然后再进行全队的攻防练习。需要注意的是，在练习中不仅要对青少年的攻守转换意识进行培养，同时还要使其攻守转换速度得到有效提高。可以在一定条件下进行快速反应训练。

2. 提高综合运用战术能力的方法

提高青少年的篮球战术综合运用能力，就是要尽可能地提高学生所掌握的篮球战术的数量，同时要注重各战术方法掌握的质量。只有这样学生才能够在比赛中高质量地运用各种战术方法。

在篮球战术教学训练中，教师应通过教学比赛或课外比赛，让青少年在竞赛实践中对战术方法有进一步的了解和掌握，使他们能根据对手的情况选择和运用适宜的战术。同时，还能在比赛中根据战局变化改变战术打法，使其应变能力得到有效的提高。教师应在比赛前提出要求，帮助青少年进行赛后总结，将理论联系实际，达到使青少年的战术水平和战术意识都得到有效提高的目的。

第五章　青少年篮球意识培养

在青少年综合素质的培养中，体能、心理、技战术等方面对青少年能力的提升具有重要的影响。因此，在平时的训练中要着重培养。但是，青少年篮球运动素质的培养不能局限于以上几个方面。除此之外，篮球意识的培养也是非常重要的。倘若青少年具备良好的篮球意识，他们在平时的篮球训练中就能取得事半功倍的效果。本章主要阐述了篮球意识的含义、青少年篮球意识的培养与训练途径、青少年篮球意识的评判。

第一节　篮球意识的含义

篮球意识对于青少年能力的提高和运动成绩的获得都非常重要，因此青少年要充分理解篮球意识的概念与内涵，在平时的训练中有意识地加强这方面能力的培养。

一、篮球意识的概念与分类

（一）篮球意识的概念

篮球意识是指青少年从事篮球实践活动中，经过大脑积极的思考过程而产生的一种正确反应篮球运动规律性的能力。篮球意识的形成具有一定的规律性，需通过较长时间科学的、系统的理论学习与实战训练，经历无数次错误的行为尝试后汲取经验，才能形成正确的预判意识。简单来说，它是青少年对篮球比赛规律客观现实的主观反映。青少年篮球意识的高低会对其的各方面素质产生深刻的影响。

（二）篮球意识的分类

1. 篮球进攻意识

强化青少年的进攻意识在青少年篮球训练中至关重要，因为进攻的技战术对于赢得比赛起着重要作用。青少年若有较强的进攻意识，将大大提高比赛获胜的机会。青少年篮球训练应当注重培养青少年的移动跑位意识、传接球意识和投篮意识等篮球进攻意识。

（1）移动跑位意识。首先，青少年应该清楚自己的位置特点、进攻范围、任务和移动路线。在移动之前，青少年应迅速思考他们的行动目的是否合理，而不是盲目地乱动。对于篮球意识不强的年轻青少年，应向他们传达以下信息：尽量摆脱防守向靠近篮下的区域移动，以对对手造成威胁；在自己最擅长的攻击区域使用最有效的技巧发起进攻；把对手带到劣势位置，在对手最薄弱的区域进行进攻；通过自己的移动帮助队友获得进攻机会等简单实用的篮球移动意识。

（2）传接球意识。篮球运动是团队游戏。比赛过程中，五名青少年在场上通过传球来相互配合，以团队合作的方式战胜对手。青少年应该随时留意队友传来的球，并选择进攻或者将球传给位于更有利位置的队友。通过灵活多变的传接球，不断改变进攻方向，积极寻找对手防守漏洞并攻破其布阵，这是衡量一个球队整体配合水平的重要标准。流畅的传接球还能提升比赛的观赏性。

（3）投篮意识。篮球比赛的胜负取决于进球数量，而投篮是唯一的得分方式。因此，培养良好的投篮意识非常重要。投篮意识指的是在比赛中，青少年能够合适、准确地利用正确的投篮技巧得分。投篮意识的水平将直接影响投篮的命中率。

2. 篮球防守意识

在培养青少年篮球进攻意识时，不能忽略防守意识的培养。防守意识涵盖坚韧不拔的防守精神、防守预判和合作防守意识等方面。为了实现这一目标，可以从以下两个方面展开训练。

（1）对青少年提出顽强防守作风的要求，使他们理解坚韧防守训练的目的和概念。比如，在训练中设置不同程度的困难，并逐渐增加复杂程度，让青少年通过克服困难并达到目标的过程中锻炼意志力。此外，也可以在疲劳或极限环境下进行训练，这些都有助于培养青少年坚韧不拔的防守意识。

（2）让青少年明确通过提前占据有利的防守位置，贴紧进攻队员，阻止他们完成习惯和擅长的进攻动作，封堵传球角度和路线，并迫使他们传球到本方有利的区域，从而迫使对方造成失误。通过增强青少年的防守预判意识，可以事半功倍地进行防守。

二、培养篮球意识的原因与价值

（一）培养青少年篮球意识的原因

青少年的篮球意识好不好，通过比赛可以一目了然，如果青少年缺乏一定的篮球意识，那么在比赛中就会出现运球节奏差、传接球不流畅、投篮命中率低、跑动不积极、防守易犯规等情况。而在训练中接受过篮球意识方面训练的青少年，在比赛中便会发挥稳定，并能合理有效地运用各种运动技术，球打得也就轻松。

1.培养青少年篮球意识的必要性

青少年比赛时的意识犹如人的大脑，是青少年在比赛中的指挥中心。意识必须与青少年的技战术水平和智力能力相匹配，其强弱程度是衡量一个青少年篮球水平高低的主要标志。

2.培养青少年篮球战术意识的必须性

篮球比赛是一种展现速度与激情、团队和智慧的竞技体育项目，而且比赛过程瞬息万变。如果在比赛中缺乏意识，不仅会浪费体力，还可能导致事倍功半，从而削弱了这项运动本身的吸引力。

3.培养青少年篮球意识的可行性

青少年只有具备意识的技战术，比赛才真正有实际意义。例如，在进行快攻时，需要有良好的跑位意识，才能成功占据快攻位置；在争抢篮板时，如果拥有快攻意识，可以迅速将球传给接应队员，否则就会错失时机而失去快攻的机会。

青少年在参加比赛的过程中，不仅需要良好的体能与技能，还要具备良好的篮球意识，因为比赛中各种技战术的发挥都有赖于良好的篮球意识。只有具备了良好的篮球意识，青少年才能在赛场上灵活地应对各种突发状况，使比赛向着有利于本方的方向发展。

（二）篮球意识的价值

篮球意识是篮球运动的主观意识，这一主观意识对青少年在比赛中做出各种反应动作有非常大的帮助。总体而言，篮球意识的作用主要体现在以下两个方面。

1. 支配性作用

人的意识主要受大脑的支配，在大脑的支配下，人的身体做出各种反应，长此以往就会形成一定的意识和技能，这种意识和技能具有较强的能动性。良好的篮球意识对于青少年参加比赛具有重要的帮助，它能帮助青少年采取恰当的运动行为，帮助青少年完成高质量的技术动作。由此可见，意识在青少年的运动训练和比赛中起着一定的支配性作用。

2. 行动选择性作用

篮球比赛是始终处于不断发展和变化之中的，其中存在着大量的未知因素和突发状况。总之，篮球比赛中充满了大量的不可预测性。为应对比赛中的各种突发状况，就需要青少年充分发挥自己的聪明才智作出及时合理的选择，也就是必须要有一定的主观能动性，能审时度势地分析场上局势，采取合理的技战术行动。这些技战术行动及各种行为的转变都是在篮球意识的支配下进行的，属于一种有选择性的行为，所以说篮球意识具有一定的行动选择性作用。[①] 因此，在青少年平时的学习和训练中要加强篮球意识的培养和提高。

三、篮球意识形成的原因及影响因素

（一）篮球意识形成的原因

篮球意识的形成是有一定的原因的，突出表现在主观和客观两个方面。

1. 主观原因

青少年良好的意识是参加训练和比赛的重要基础，篮球意识的内涵非常丰富，属于专项知识、身体素质、心理素质、智能素质及技战术等能力的综合。这些要素都是必不可少的，缺少了任何一项都无法形成良好的篮球意识。因此，青少年必须具备全面的专项知识，才能进一步提升篮球意识，在增强青少年篮球意识的过程中，要将青少年体能、心理、智力、技战术等素质的发展结合起来进行，这些因素之间有着非常密切的关系，它们相互影响、相互促进，因此要将其看成一个整体。

① 陆守亚. 论青少年“篮球意识”的培养[J]. 文体用品与科技. 2019（22）：52-53.

2．客观原因

篮球意识的建立和形成需要一个长期的过程，是在大量的训练和比赛实践中形成的。而在训练和比赛中又存在着大量的不稳定因素，因此青少年篮球意识的培养也会受到一定的影响。如教练员水平的高低会在一定程度上影响青少年篮球意识的形成，而青少年本身的素质和能力也会对篮球意识的形成产生重要的影响。除此之外，篮球属于一项集体项目，因此相对于个人项目，会存在更多不稳定的复杂的客观因素，这些因素都在很大程度上影响着青少年篮球意识的培养，因此一定要引起重视。

（二）影响篮球意识形成的因素

大量的实践充分表明，影响篮球意识形成的因素有很多，其中感知、注意、思维、记忆、行动、反馈等是较为重要的因素。这些因素对于培养青少年的篮球意识具有重要的意义和作用。

1．感知和注意

在篮球比赛中，受各种因素的影响会出现各种突发状况，青少年要能及时感知场上的各种变化并做出合理的判断和行动。在具体的训练和比赛中，青少年通过各种感觉器官的利用能充分感知比赛中的各种信息，从而采取各种战术行动。在青少年各种感知觉系统中，视察感觉是最为重要的因素。也就是说，青少年必须要具备良好的视野观察能力，这样才能正确分析比赛中的各种信息，采取正确的战术行为。

青少年的注意指向主要受主观意向的指引。主观意向就是在比赛攻守目标的控制下，决定注意对有关信息进行取舍的评价体系。一名优秀的青少年必须要具备良好的观察能力，以及比赛中对有效信息的捕捉能力。这两方面的能力都与青少年的意识有着极为密切的关系。一名出色的青少年必须要具备良好的专门化知觉和基本功，这是建立和增强篮球意识的重要基础，在平时的训练中一定要引起重视，并将其作为一项重要工作来抓。

2．记忆与思维

青少年在篮球意识形成与培养的过程中，与记忆和思维有着十分密切的关系。通常来说，人的记忆分为短时记忆和长时记忆两种。短时记忆一般指注意指向所感知到的信息，这些信息在人的头脑中一般会存在很短的时间，然后就会被新的信息所取代。长时记忆是指经过检索被意识到有价值的信息，这些信息可在人的大脑中存在很长的时间，在使用时可随时提取，只有经过深入的学习和训练才能形成长时记忆。对于青少年而言，要尽量形成一定的长时记忆，这样才能形成正确的技战术智能模型，从而提高比赛能力。当青少年形成了长时记忆，在比赛中如果遇到类似的情景时，记忆就会立刻被激活和提取，引导青少年做出合理的战术行为，从而有利于比赛的顺利进行。

3. 行动与反馈

一般来说，青少年在比赛中的行动都是由意向来指引的，意识在其中发挥着非常重要的作用。良好的意识有利于青少年采取合理的战术行动，同样正确的战术行动又反过来推动着青少年篮球意识的提高，这就是篮球意识的行动与反馈，也是影响篮球意识形成的一个重要因素。

四、篮球意识的形成机制

青少年在参加篮球训练或比赛的过程中，不论是参加体能训练还是技战术训练，其中都蕴藏着一定的意识。可以说，意识的培养和提高是贯穿于训练和比赛的始终的。一般来说，青少年篮球意识的形成与发展主要表现在意识和行动的相互促进这一方面。首先，篮球属于一项集体性运动项目，要想获得比赛的胜利，团队配合非常重要，青少年要建立必要的团队意识，要意识到自己在对抗中所处的位置，只有具备了良好的意识，才能采取正确而合理的行动。其次，意识是意向指引下的一种积极行动。在训练或比赛中，青少年会根据场上的具体情况作出一定的判断，在这一判断的指引下采取行动。当所采取的行动奏效时，其篮球意识会得到一定的提高。篮球意识的形成过程包括以下四个方面。

（一）在实践中感知

在篮球比赛中，青少年拥有良好的感知是非常重要的。可以说，没有良好感知的青少年就无法产生一定的意向和思维，不利于青少年作出合理的判断。通常情况下，青少年通过视觉观察获得比赛的各种信息，然后才能对这些信息做进一步的分析。大部分的优秀青少年都具有出色的视野范围，也就是平时所说的大局观。篮球比赛涵盖的内容信息非常之多，不可能所有的信息都能被青少年所感知，青少年只会感知并分析比赛中的重要信息和关键信息，然后作出合理的判断，采取合理的战术行为。通常情况下，与目标意义关联度较高的信息容易被青少年观察到，反之则不容易被观察到。在篮球比赛中，青少年通过自己的感知经验，首先会感知自己视野内的攻守对抗信息，而忽略那些与目标关联度不高的信息。这样能提高青少年的集中注意力，从而采取合理的战术行为去参加比赛。

（二）在对抗中随机应变

篮球比赛场上变化莫测，情况瞬息万变，要想适应比赛中的各种变化，青少年就必须要具备良好的思维与决策行动，能时刻意识到各种情况的发展和变化，在短时间内瞬间完成对比赛情况的分析、综合等思维过程，从而根据场上具体形势作出合理的决策。作为一名优秀的青少年，要准确地把握比赛场上的变化情况，大胆、果断地做出行动，使比赛形势朝着有利于本队的方向发展。作出合理的判断并及时采取有针对性的行动并不是一件容易的事情，这需要青少年长期的训练积累。因此，在平时的训练中，一定要重视青少年篮球意识的培养。

（三）做出及时合理的反应

青少年，必须具备良好的篮球意识，这样才能在复杂的比赛局势下选择合理的战术，获取比赛的主动权。因此，比赛中青少年行动的合理性是判断其篮球意识水平的一个主要标志。可以说，青少年在比赛中的行动都离不开意识的主导，只有在良好的意识指导下，青少年才能采取合理的战术行动，在无意识或错误意识的指引下进行活动往往会导致失败，因此在平时的训练和比赛中，青少年一定要重视篮球意识的培养和提高。总的来说，在篮球比赛中，青少年能否做出及时合理的行动应答预示着其篮球意识水平的高低。

（四）评价效果并反馈

篮球比赛的竞争异常激烈，青少年在比赛中的各种行动与篮球意识之间有着极为密切的关系。只有具备良好的篮球意识，才能做出合理的战术选择。青少年的各种技术动作都是在无意识的情况下进行的，在比赛过程中，青少年往往意识不到行动的过程，而行动的结果却与意识活动有着密切的关系。从某种程度上而言，青少年的意识水平决定着行动的成败。

通过大量的训练和比赛，青少年头脑中逐渐形成了一个关于意识行动的智能评价模型，通过这一模型，青少年能够判断出所采取的行动是有效的还是无效的。由此可见，这一评价与青少年的行动是密切联系在一起的。一个有效的行动能在很大程度上强化青少年的篮球意识，促进其篮球意识水平的提升，而无效的行动也能在一定程度上修正行动智能模型，为青少年今后的行动积累经验，提供依据。

第二节　青少年篮球意识的培养与训练途径

一、青少年篮球意识培养的现状

篮球运动是当今重要的体育项目。青少年参与篮球运动的积极性较高，也有着一定的技战术素养，但是在篮球比赛中青少年运用篮球技战术的实效性并不理想，精彩的配合较少，进攻生涩，大都是靠个人的身体素质，这里涉及的问题就是篮球意识。目前，青少年篮球意识培养的现状如下。

（一）篮球理论知识匮乏，意志品质有待提高

在篮球比赛中，经常会发生青少年质疑裁判判罚结果的情况，大部分情况是青少年缺乏篮球理论知识、自身意志品质不坚强所造成的。在实践中，不能很好地分析问题、解决问题，从而无法理解和贯彻教练的战术要求。而且一些青少年平时训练时投篮好、传球准，一旦到了比赛中都判若两人；平时训练时配合默契，但比赛中关键时刻却单打独斗、战术混乱就是心理素质和意志品质匮乏的表现。

（二）没有明确的目标，缺乏意识的培养

一支篮球队，首先要有明确的战斗目标；其次要有为之奋斗的青少年；最后要有健全的各项机制做保障。而青少年组队进行篮球运动多没有明确的目标，也对篮球意识不够重视，只偏重于技战术的训练。篮球运动的魅力在于，它是一个团体性很强的项目，篮球意识非常重要。在篮球训练和比赛中，一支缺乏战术意

识的培养与训练的球队往往会被有素养的球队打得落花流水、狼狈不堪。

（三）训练不科学，计划不切实际

篮球意识的培养与训练应是一个长期的、复杂的、细致的过程，要根据球队的具体情况，结合本队实际，有目的地、针对性地开展相应的训练。然而，球队的训练计划往往跟不上变化，教练员要根据天气、伤病、学生学习等情况，做一个艰难的权衡，且在较短的时间内完成训练。这种短、平、快的训练方式反映的效果就是：攻守转化慢，漏人后不能立即全速追防，协防缺乏补防意识，快攻快下时贻误战机，阵地配合盲目乱动，等等。

（四）教练员的理论知识和专项技能有待提升

在青少年篮球的教学和训练中，教练员的水平决定了整个球队的训练水平，他们的素质和能力将对一支球队的运动水平起着直接的决定作用。教练员应该是一个具有较高文化素质和多学科知识的良好智能的教练员。当前教练队伍中，存在着不少未经系统的理论知识学习和训练的专业教练员，或缺乏管理、训练和实践指挥的经验和能力，有些甚至是非专业的教练带队的情况。

二、青少年篮球意识培养的途径

（一）以青少年为本，提高其意识训练兴趣

在青少年实际的篮球训练中，教练员应当进一步为青少年详细地讲解关于在篮球比赛中形成篮球意识及其重要性的内容教练员就可以通过组织青少年观看一些经典的篮球比赛视频，有针对性地分析和研究青少年在比赛、团队配合及各种技术技巧方面的展示。除此之外，在篮球教学训练方面，教练员也要积极地应用多样化的教学手段，以显著地提升大学生的训练兴趣。

（二）加强理论知识学习，提高篮球文化水平

青少年文化、智力水平低，对运动训练的科学原理、篮球发展趋势和比赛的规律就很难理解。比赛时，在技术运用上就会缺少灵活性和预见性。培养和增强青少年篮球意识，教练员一定要从学习篮球理论基础知识着手，让他们能够对篮球的文化、比赛规则及战术手段相关知识等有着详细的了解和认识。必须坚持不

懈地紧抓青少年的文化课程和篮球专项理论的学习，不断促进其自身智力发展，培育青少年在临场比赛中发挥智能，以此提高其观察能力、视觉范围和判断能力。只有充分地认识到篮球运动的规律，了解当代篮球运动的现状和发展趋势，才能合理利用篮球运动的攻防技巧，找到对付各种攻防配合的方法，从而增强篮球意识。

总体来看，我国青少年篮球意识的培养是比较欠缺的，为培养和增强青少年的篮球意识，必须要重视青少年的基础文化知识和基础的相关科技知识的学习。通常来说，具有良好的篮球意识的青少年，其抽象思维能力及单独处理问题的能力也是比较强的。而篮球意识的增强在一定程度上依赖于青少年的文化知识水平，因此在平时的训练中还要加强青少年文化素质的培养和提高，要通过大量的比赛和训练提高青少年的智力水平，使青少年不仅具备高超的智商，同时还要具备良好的“球商”，这样才有利于提高青少年的综合能力。除此之外，教练员在平时的训练中也要选择一些经典的篮球比赛案例对青少年进行有针对性的培养，努力提高青少年的抽象思维能力，这也是促进青少年篮球意识增强的一个重要途径。

（三）重视技术训练，并与意识训练相结合

大量的事实表明，在技术训练中培养青少年的篮球意识是一个重要途径。在技术训练中，要重视以下两点，以增强青少年的篮球意识。

1. 培养青少年的观察能力

青少年在篮球比赛中各种技术动作的变化，首先取决于观察。为此，在技术训练初期就要加强青少年观察能力的培养。

篮球发展到现在，比赛中的对抗越来越激烈，青少年要根据场上形势的发展和变化采取合理的应对方法，获取比赛的主动权。在比赛中，青少年要具备良好的视野及良好的观察能力。为培养这样一种能力，青少年需要在平时的训练中养成用眼睛的余光来观察比赛的能力。如青少年在练习篮球运球技术时，在运球的同时要运用眼睛的余光去观察周围队友的位置及防守球员的站位，充分了解对方的意图，不能只盯住球不动。在训练和比赛中有效地培养青少年的这种观察能力，教练员要给予一定的重视。

2. 培养分析与判断的能力

青少年在篮球比赛中所运用的各种技术都有一定的特点及标准，而其中的每一种技术都有相应的战术价值。在训练和比赛中培养青少年分析与判断比赛的能力也是增强青少年篮球意识的重要手段。

在篮球技术训练中，教练员要结合个体的实际情况培养和提高青少年的个性素质，这有助于培养和增强青少年的篮球意识。通过技术训练，能在一定程度上强化青少年的技术运用范围、条件及变化规律，从而为青少年适应比赛奠定良好的基础。与此同时，在技术训练或比赛中培养青少年判断与分析比赛的能力，也能有效增强其篮球意识。

在基本技术训练的时候，不能孤立地只进行篮球技术训练，也不能单独地进行篮球意识的训练，应该将二者相结合并且合理地运用在比赛当中，进一步促进青少年形成良好的篮球意识。例如，当教练员为青少年教学投篮练习的时候，教练员一定要在训练的过程中合理地融合攻守意识的教学。那么，当教练员教学训练攻守组合技术的时候，也需要让青少年在训练过程中养成一种良好的攻守转换的意识，只有这样才能显著地提升青少年正确运用技术的能力及合理运用技术的基本意识。

（四）强化战术思维和战术训练，有效融合意识训练

篮球意识是青少年心理与思维、技术与战术水平的综合体现，表现为青少年在紧张、激烈、瞬息万变的篮球比赛中迅速选择战术和合理运用技术的瞬时决断能力。青少年如果不会运用战术思维活动去发挥和调节自己的行动，只凭自己的意愿或一股冲劲儿去应对比赛中千变万化的情况，其结果必然是被对方所制约。因此，在战术训练中，要不断强化队员的意识，使其理解并运用既定战术，练习临场随机应变的能力，发挥其在各自位置上的作用。

篮球意识不能孤立地训练和存在，它应贯穿于整个基础训练的过程。诸如在基础的防守脚步、掩护配合、策应配合等战术训练中，没有在正确的时间出现在合理的位置上，就是篮球意识上出现了问题。在基础训练中培养青少年的篮球意识，让青少年不仅仅只是完成一个训练项目或任务，而是深刻认识到其运动规律，合理地运用技术动作，与队友之间建立“化学反应”，从而取得比赛的胜利。

（五）提高教练员自身水平，发挥教练员主导作用

要培养青少年的篮球意识，教练员要不断提高其自身水平，了解篮球意识的相关知识，并不断更新。在此基础上，教练员要起到主导作用，将篮球意识的培养贯穿于每次训练课之中。在实施训练过程中，教练员要把篮球运动的基本规律、本质特点、关键环节等用形象正确的示范、准确简明地讲解传达给青少年，使他们明确在不同情况下不同位置的具体要求；同时，对训练中出现的问题要及时发现，准确地指出并加以解决，从而不断增强青少年的战术意识。

三、青少年篮球意识训练的方法

青少年意识训练也是一项非常重要的工作，在训练的过程中也要讲究方式和方法。通常来说，常用的篮球意识训练的方法主要有以下四种。

（一）技能训练与理论知识学习相结合

很长一段时间以来，学训矛盾都是一个重要的矛盾，直至今天，这一矛盾仍没有解决好。为更加合理地解决这一矛盾，就需要结合具体实际条件制订一个合理的计划，这一计划涵盖的内容非常多，其中战术意识的培养是必不可少的内容，这在以往是比较欠缺的。另外，为促进青少年的全面发展，也不能忽略文化知识的学习，要将技能训练与文化知识的学习结合起来进行，这样才能培养出高素质的篮球运动人才。

（二）以赛代练，提高青少年临场应变能力

青少年篮球意识的培养和增强，仅仅依靠训练是远远不够的，还需要通过大量的比赛去实践和检验。通过参加大量的篮球比赛，青少年在提升自身运动能力的同时，还能锻炼自己面对复杂情况处理问题的能力。除此之外，适当的比赛还有利于检验训练成果，提高青少年训练的积极性，增加比赛经验，从而促使其篮球意识水平得到有效提升。①

（三）注重青少年篮球技战术训练的规范性和合理性

在平时的训练中，教练员一定要指导青少年进行规范而合理的技战术训练，

① 周磊. 浅析青少年篮球战术意识的培养[J]. 体育风尚，2019（12）：78.

这会对青少年以后的发展产生至关重要的影响。通过科学且规范的训练，青少年能够切实看到自己的训练成效，增强训练的信心，提升自己的意志品质。

一般情况下，青少年技术动作的学习主要分为三个阶段，即泛化阶段、分化阶段和自动化阶段。每一个阶段训练的内容都是不同的，由于青少年自身的身体素质不同，因此在训练时要结合青少年的具体实际进行，要灵活地安排训练内容，符合青少年的切身实际。

（四）努力提高青少年的观察判断能力

篮球比赛充满了对抗和竞争，在比赛中时常会发生一些摩擦等情况，这是不可避免的。当发生突发状况时，青少年要能够灵活地运用各种既定的战术，采取正确的战术行动。为提高青少年的这一能力，教练员应在日常训练中启发青少年善于观察判断、独立思考的能力，久而久之，青少年的意识水平就能得到有效提升。

第三节 青少年篮球意识的评判

一、篮球意识评定的意义和作用

（一）篮球意识评判的意义

在传统的观念下，人们普遍认为篮球意识的培养是自然成长的，并不一定要对青少年施加相关行为，也就是说，不需要展开有针对性的培养和增强。这一观念是非常错误的。在新时代背景下，要转变这种错误的思想观念，要积极主动地采取各种手段和措施有计划、有步骤地培养青少年的篮球意识。为了更好地培养和增强青少年的篮球意识，就需要对其意识水平作出客观的评定，然后根据反馈信息及时调整培养方案。这对于青少年篮球意识的培养和增强具有积极的意义。

总体而言，青少年篮球意识的评定具有以下三个方面的意义。

第一，通过青少年篮球意识的评定，能帮助教练员有效地控制意识训练过程，提高运动训练的质量和效果。

第二，通过青少年篮球意识的评定，能帮助青少年发现篮球意识培养中存在的各种问题，从而为今后的篮球意识的培养展开有针对性的培养和训练。

第三，教练员通过青少年篮球意识的反馈信息，能更加有效地培养青少年的篮球意识。

总之，通过青少年意识的评定能帮助教练员客观、合理地调节和控制篮球意识的训练过程，使青少年篮球意识的培养具有极强的针对性，能促使青少年篮球意识得到质的飞跃。

（二）篮球意识评判的作用

在篮球比赛中，篮球意识出色的球员，在进攻端往往会具有较强的侵略性，同时还具备良好的防守能力，可以说是攻防并重。因此，加强青少年意识的培养至关重要。当今社会，篮球运动获得了高度发展，青少年的能力不仅仅表现在技术层面，还表现在是否具有良好的篮球意识上，也就是通常所说的“球商”。只有具备良好的“球商”，青少年才能有效提升自身的篮球技能。

目前，我国比较缺乏高素质的篮球后备人才，后备人才质量的高低将在很大程度上影响我国篮球运动的发展。因此，一定要高度重视青少年的选材工作。发展到现在，只是体能和技术方面的优秀已经不能满足篮球运动的发展和选材的需求，篮球意识的评测成为青少年选材的一项重要标准。这突出表现在以下 3 个方面。

1. 保证篮球选材的科学性

青少年选材工作是否科学和合理将在很大程度上影响我国青少年的发展情况，因此要引起高度重视。青少年选材的科学性主要包括选材内容的科学性和选材方法的科学性两个方面。篮球运动对于青少年的体能、技术和意识水平在不同位置、不同情况下都有着不同的要求，现今对于体能和技术的评测方法较为具体化和科学化，包含了数据化分析和经验观察等诸多方法，可以满足教练员对于选拔不同需要青少年时的需求。而选材整体的科学性则少不了青少年篮球意识的评测。

在传统观念下，青少年篮球意识的评价主要是通过比赛进行的，教练员凭借自身经验来判断青少年的篮球意识。然而，这种方法欠缺一定的科学性，要求教练员必须具备高超的篮球运动水平。除此之外，仅仅依靠一场比赛难以判断青少年的真实情况，而且教练员对于意识的理解也各不相同，因此无法满足球队的需要，还很可能导致人才的误判和流失。[①] 因此，加强青少年篮球意识的评测是一项复杂且必要的工作，通过这一评测活动，青少年能很好地了解自身情况，避免出现各种失误。

2. 提高青少年的选材质量

青少年的选材非常重要，通过选材工作把有可能符合标准的青少年选出来，然后对其进行培养和训练，再从中选择高水平的青少年，因此选材工作并不是一件简单的事情。在选择青少年的过程中，要重视选材的质量，不能选择素质差的球员。在某些时候，选材者在选材的过程中经常会发现一些身体素质与技术基础都不错的青少年，但他们的篮球意识较差，而选材者又无法在选材时进行有效的辨别，导致青少年在被选进运动队后无法融入篮球队的技战术体系，难以发挥自身应有的水平，这一情况是客观存在的，也比较令人惋惜。因此，在选材的过程中要对青少年的篮球意识给予必要的重视。

大量的实践与事实表明，在篮球评测中加入篮球意识评测的内容是非常有必要的，这样能很好地测试出青少年篮球的意识水平，提高篮球选材的科学性。在选材的过程中，作为一名选材的工作人员，在面对具有相同身体条件和运动基础的青少年时，他们普遍都会选择那些篮球意识水平相对较高的青少年。

3. 降低人才流失的百分比

篮球意识对于一名青少年的成长与发展而言具有重要的意义，有一些青少年没有出众的身体素质，但由于具有良好的篮球意识水平，也取得了令人羡慕的成就。如 NBA 球星史蒂夫·纳什就是一个典型的例子。纳什身材并不高大，与大部分的篮球明星相比，他的身体素质并不占优势，甚至处于较大的劣势，但是他具备出众的“球商”，因而弥补了身体素质上的不足，且凭借出众的篮球意识，在比赛中游刃有余地发挥其技能，还取得了令人称赞的成就。由此可见，篮球意识对于青少年的重要性。

当前，我国篮球运动面临着严重的人才流失现象，首先表现在人才的选拔方面，选拔程序不严谨，欠缺科学性，这是一个非常严重的问题。通常情况下，身体素质和技术水平高超的球员一般会给教练员很好的第一印象，而那些身体和技

---

① 谢哲. 篮球意识评测在青少年选材中的应用研究[D]. 郑州：郑州大学，2015.

术都一般的球员则容易受到忽视。但需要注意的是，短时间内的观察是很难检测一名球员的篮球意识水平的，如果没有一个科学化的指标就更加如此。在这样的情况下，一些拥有较高篮球意识水平但身体素质相对较弱的青少年就不会进入教练员的视线，从而造成人才流失。

二、篮球意识评判的基本原则

人的意识活动是看不见、摸不着的，因此评定起来具有一定的难度。但并不是说就没有办法对青少年的意识进行评定。在人的意识发展的过程中，意识的形式是主观的，但它反映的内容具有一定的客观性，并遵循一定的客观规律，测评人员根据这一客观规律，就可以很好地把握青少年的思想意识，对其展开评定。

在青少年意识评定的过程中，测评人员可以充分利用各种手段观察青少年在比赛中的行动表现，以充分了解其篮球意识。青少年的篮球意识主要涉及观察、判断、思维等多方面的内容，评测者要仔细观察青少年在比赛中的每一个行为，对青少年的各种反应做出客观的判断，这对评测者提出了很高的要求。因此，在篮球意识的评测中，行动的正确与否是篮球意识的一个重要的评定信息，同时也是一个非常重要的依据。青少年篮球意识的评定要坚持其行为选择的正确性为基本原则。

篮球比赛中经常会发生一些突发事故，在发生这些突发事件时，青少年需要做出合理的战术选择，而这则有赖于青少年的篮球意识水平。只有具备出色的篮球意识水平的青少年才能结合比赛场上的具体形势做出合理的战术选择。[①]

总体而言，青少年具有良好的篮球意识及其在这一意识支配下的行动主要表现在以下七个方面。

第一，青少年的行动具有正确性。

第二，青少年的行动具有目的性。

第三，青少年的行动具有预见性。

第四，青少年的行动具有隐蔽性。

第五，青少年的行动具有应变性。

第六，青少年的行动具有创造性。

① 全国体育院校教材委员会．篮球运动高级教程[M]．北京：人民体育出版社，2002．

第七，青少年的行动具有一定的实效性和配合的协调性。

通过以上几个方面对青少年的篮球意识展开具体的评价往往能获得比较理想的评定效果，这对于改善和提高青少年的意识水平具有重要的意义和作用。

三、篮球意识的评判方法

虽然当前我国的篮球运动获得了一定的发展，也涌现出了一批高水平的青少年，但在青少年评定方面，尤其是评定青少年的篮球意识方面还存在一些问题。其中，最为严重的一个方面是青少年意识的评定没有一个客观的量化评定方法，仅仅依靠教练员的经验或临场技、战术行动效果来评定。在这种方式下很难获得理想的评定结果。

在具体的篮球意识评定中，评测人员通常会根据现有的实际情况设计一些近似于篮球正式比赛的场景，青少年在这样的场景之下运用自己现有的意识水平采取各种战术行动，然后评测人员根据青少年的战术选择来评测其篮球意识水平。另外，有一部分评测人员还会采用战术配合示意图的方法来测试青少年的篮球意识。需要注意的是，这些评测方法都带有较强的主观性，缺乏科学性，对评测人员的经验要求较高，操作起来具有一定的难度。

篮球是一项对抗性很强的集体性项目，比赛中充满了身体和智力的对抗，而这一对抗是处于不断的发展和变化中的，不能脱离比赛的实际情况而单独进行评定，否则就难以获得客观准确的评定结果。行动是篮球意识的根本归宿和最终表现，篮球意识的评定应以在意识指导下行动的正确性为原则来进行。对青少年篮球意识的评定必须与比赛的实际结合起来，这样才能反映出青少年的真实意思水平。

总之，青少年的意识评定是一个难以定量的问题，目前还没有一个客观的定量评定方法，还需要进一步研究，争取找到种更加客观和科学的能评价青少年篮球意识的评定方法或手段。

四、提高篮球意识评判水平的对策

篮球意识评定水平的高低对篮球运动意识的培养有着重要作用，能够对篮球意识培养的效果进行评定并给予反馈，有利于篮球意识培养工作的调整与完善。篮球意识评定水平的提高不是轻而易举就能实现的，涉及多方面的因素，主要对策如下。

（1）一个科学的篮球意识评测体系对于青少年篮球意识的培养非常重要。因此，一定要加强篮球意识评测体系的建设。在构建评测体系的过程中，一是要结合当前篮球发展的形势不断丰富篮球意识评测的内容；二是要参考与借鉴国内外篮球运动发展的先进经验，选择与创新篮球意识测评的方法，提高评测的效果与效率；三是要建立篮球意识的指标模板，针对青少年的个性特点设计多样化的测试模式，这样能为青少年的选材提供准确可靠的信息。①

（2）青少年篮球后备人才的选材与培养工作非常重要，这直接影响我国篮球运动水平的提升和成绩的获得。在具体的工作中，管理人员要不断加快篮球意识评测与选材手段的融合，明确篮球意识评测与各方面测评的关系，要充分认识到篮球意识评测的重要意义和作用，不断提升篮球意识的测评水平。

（3）为达到青少年篮球意识测评的目标，管理人员要逐步扩大篮球意识评测的应用范围，重点分析青少年的篮球意识水平和波动程度，根据反馈信息及时调整篮球训练的方案与计划。

① 谢哲．篮球意识评测在青少年选材中的应用研究[D]．郑州：郑州大学，2015．

参考文献

[1] 徐国富．篮球 [M]．西安：西安电子科技大学出版社，2015．
[2] 王有智．篮球 [M]．成都：电子科技大学出版社，2019．
[3] 石颖．青少年篮球教学训练体系研究 [M]．长春：吉林大学出版，2021．
[4] 王毅飞．青少年篮球教学与训练 [M]．北京：光明日报出版社，2015．
[5] 洪锡均．青少年篮球训练理论与方法 [M]．北京：中国社会出版社，2018．
[6] 李杨．青少年篮球发展指南 [M]．北京：中国书籍出版社，2020．
[7] 沈阳．青少年篮球意识培养与训练 [M]．北京：新华出版社，2017．
[8] 黄德星．青少年篮球教学理论与训练方法 [M]．长春：东北师范大学出版社，2018．
[9] 曲京．青少年篮球人才的培养与实训 [M]．北京：中国书籍出版社，2015．
[10] 周龙峰．青少年篮球体能、技能评定标准 [M]．北京：北京体育大学出版社，2019．
[11] 赵浩．兰州市青少年校外篮球培训现状分析及对策研究 [J]．当代体育科技，2023，13（4）：82–86．
[12] 董国民，贾志强，贾必成．我国校园篮球发展机遇、困境及优化路径 [J]．体育文化导刊，2022（11）：97–103．
[13] 林鸿．青少年校园篮球开展的困境与路径研究 [J]．体育师友，2022，45（4）：76–78．
[14] 张涵，张云龙，马麟．半场比赛在高校篮球教学中的应用——评《中国青少年篮球教学训练指导手册》[J]．中国油脂，2022，47（4）：166．
[15] 杜娟．青少年篮球素养建设及干预举措分析 [J]．青少年体育，2020（12）：117–118．
[16] 周淼．兴趣引导法在青少年篮球训练的应用研究 [J]．科技资讯，2020，18(33)：235–237．

[17] 张子业，任莉英．高校篮球俱乐部运用青少年运动等级标准的改革与实践 [J]．教育教学论坛，2020（46）：350−352．

[18] 王崎帆．提高青少年篮球训练质量的有效措施探讨 [J]．当代体育科技，2020，10（6）：29−30．

[19] 李超．我国青少年学生篮球教学困境及发展方向研究 [J]．青少年体育，2019（4）：102−103．

[20] 姚文．影响青少年篮球运动发展的问题探究 [J]．内江科技，2018，39（12）：85，130．

[21] 汪敏思．游戏教学模式在青少年篮球教学的应用研究 [D]．北京：首都体育学院，2022．

[22] 孟乐．河北省邢台市青少年篮球俱乐部发展现状与对策研究 [D]．银川：宁夏大学，2022．

[23] 姚钧懿．南京市青少年篮球俱乐部开展小篮球运动的 SWOT 分析 [D]．南京：南京体育学院，2022．

[24] 王亚光．周口市青少年业余篮球俱乐部教练员队伍现状与发展策略研究 [D]．哈尔滨：哈尔滨体育学院，2022．

[25] 王晓飞．核心素养视域下山东省小篮球运动推广与发展策略研究 [D]．济南：山东师范大学，2022．

[26] 李文才．体教融合背景下河南省青少年篮球培训机构发展策略研究 [D]．长春：吉林体育学院，2022．

[27] 王光英．四川省青少年“学校、社区”篮球竞赛体系构建研究 [D]．成都：成都大学，2022．

[28] 张晓东．青少年篮球灵敏素质解构、训练手段设计及效果实证研究 [D]．济南：山东体育学院，2021．

[29] 蔡华明．西安市青少年篮球研学活动研究 [D]．西安：西安体育学院，2021．

[30] 张伟．西安市青少年篮球培训机构教学现状及发展研究 [D]．西安：西安体育学院，2020．